AF249231

DES FIDÉICOMMIS

EN DROIT ROMAIN

DES

LIBÉRALITÉS INDIRECTES

EN DROIT FRANÇAIS

THÈSE POUR LE DOCTORAT

Par Antoine-François RAGEYS,

Né à Pommeys (Rhône).

Avocat à la Cour Impériale de Paris.

SOUTENUE

Le Lundi 10 Août 1868 à 10 heures et demie

Président : M. BUFNOIR, Professeur.

SUFFRAGANTS :
{ MM. GIRAUD
COLMET DAAGE
DUVERGER } Professeurs,
LÉVEILLÉ Agrégé

PARIS

IMPRIMERIE MOQUET

11, RUE DES FOSSÉS-SAINT-JACQUES, 11

1868

DROIT ROMAIN.

DES FIDÉICOMMIS

CHAPITRE PREMIER.

NATURE DU FIDÉICOMMIS. APERÇU HISTORIQUE.

Ulpien définit ainsi le fidéicommis, par opposition au legs : « *legatum est quod legis modo, id est, imperative, testamento relinquitur; nam ea quæ precativo modo relinquntur, fideicommissa vocantur.* » Ulp. regul. tit. XXIV, § 1, *de legatis* [1].

Justinien d'autre part nous dit : « *sciendum itaque est omnia fideicommissa primis tempori-*

bus infirma esse, quia nemo invitus cogebatur præstare id de quo rogatus erat. » (*Instit.* liv. XI, tit. XXIII, § 1).

De la comparaison de ces deux textes, Montesquieu tire le commentaire suivant : « Les testaments, dit-il, dans son livre sur l'Esprit des lois, étant une loi du peuple, ils devaient être faits avec la forme du commandement, et par des paroles que l'on appela directes et impératives. De là, il se forma une règle, que l'on ne pourrait donner ni transmettre son hérédité, que par des paroles de commandement : d'où il suit, que l'on pouvait bien dans certains cas, faire une substitution, et ordonner que l'hérédité passât à un autre héritier, mais qu'on ne pouvait jamais faire de fidéicommis, c'est-à-dire charger quelqu'un en forme de prière, de remettre à un autre, l'hérédité ou une partie de l'hérédité *Esprit des lois*, liv. XXVII).

Le fidéicommis, en droit romain, était donc une disposition de dernière volonté faite en forme de prière, et, qui, primitivement, n'avait aucune force obligatoire. Cette institution, toute populaire, *jus non scriptum, sed usu comprobatum,* vint se placer peu à peu, et en dehors de toute ingérance législative, à côté du droit civil, pour l'éluder le plus souvent. En effet, elle dut sa naissance, et plus tard ses développements, à l'injustice de certaines lois qui blessaient trop profondément les sentiments de la nature et à la réglementation trop rigoureuse des formes testamentaires.

En effet, même sous la loi des douze tables, ou la loi de dévolution des biens : *paterfamilias uti legassit super familia pecunia tutelave suæ rei, ita jus esto*, semble accorder au père de famille un si large pouvoir de disposition de ses biens, on ne pouvait pas laisser ses biens à un étranger; le *peregrinus* n'ayant pas avec le citoyen romain, *factio testamenti*, c'est-à-dire ne pouvant être institué héritier par lui, ce dernier lorsqu'il voulait gratifier un étranger faisait en sa faveur un *fideicommis*; et ce fut même là, selon Gaïus, l'origine première des fidéicommis; « *et fere hæc fuit origo fideicommissorum.* » (Gaii, *Instit.* C. 11, § 285).

Des lois postérieures vinrent restreindre le droit de libre disposition des biens, même entre les membres de la cité romaine.

Déjà sous la république, la loi Voconia, rendue vers l'an 585, à l'instigation du vieux Caton, défendit aux citoyens inscrits au cens pour plus de cent mille sesterces, d'instituer une femme pour héritière : « *Mulier ab eo qui centum millia æris, census est, per legem Voconiam heres institui non potest.* » Gaii *comm.* 11, § 274.)

La loi Cornelia, rendue sous Sylla, avait frappé d'incapacité, les proscrits et leurs enfants. Les lois Julia et Papia Poppœa, rendues sous Auguste, édictèrent contre les *cœlibes* et les *orbi*, une incapacité de recevoir par testament, absolue pour les premiers, et seulement partielle pour les seconds. Les Latins Juniens étaient pareillement incapables, en vertu de la loi Junia, et les Déditices en vertu de la loi Ælia Sentia.

La défense d'instituer des personnes incertaines, et la règle *semel heres semper heres*, étaient aussi fort gênantes pour les testateurs.

Ce fut pour échapper à ces entraves diverses, que l'usage créa les fidéicommis, qui ne tardèrent pas à obtenir l'assentiment général. Cicéron nous apprend que déjà de son temps, garder ce que l'on était chargé de rendre à titre de fidéicommis était considéré comme un acte déshonnête ; après avoir raconté qu'un certain Publius Sextilius Rufus, institué héritier par Fadius Gallus, avec prière de restituer toute l'hérédité à sa fille, avait retenu, comme il le pouvait en droit, toute cette succession, l'orateur philosophe ajoute : « Tenuit permagnam Sextilius hereditatem. « Unde si secutus esset eorum sententiam, qui « honesta et recta emolumentis omnibus et com- « modis anteponerent, ne minimum quidem « attigisset. » (C. liv. 11, *de fine boni et mali.*)

Auguste cédant à l'opinion générale, *quia populare erat*, ordonna d'abord aux consuls d'interposer leur autorité pour tel ou tel cas, qui paraissait plus favorable; puis on créa un *prætor fideicommissarius*, pour rendre la justice d'une manière permanente, en matière de fidéicommis. Il est à remarquer que ce magistrat ne délivrait pas de formule d'action, mais statuait *extra ordinem*. Ulp. *reg.* tit. 25 § 12.) « Fideicommissa non per formulam petuntur, ut « legata sed cognitio est Romæ quidem consu- « lum, provinciis vero præsidum provinciarum. » (Voir aussi Gaii com. 11 § 278).

Mais dès que les fidéicommis eurent ainsi reçu une sanction effective, on ne tarda pas à les restreindre ; en effet, selon la judicieuse observation de M. Demangeat, dans son cours de droit romain : « en général, dans les différentes matières du droit romain, on peut remarquer que les entraves mises dans le principe à la réalisation de la volonté des parties vont toujours en s'affaiblissant, que de jour en jour une liberté plus grande est laissée aux citoyens. Or, dans le développement historique de la théorie des fidéicommis, c'est précisément l'inverse que nous observons : la liberté, très-grande à l'origine, a été de plus en plus restreinte. »

En effet, Gaius nous apprend, (comm. 11, § 286) que les incapacités édictées en matière d'institution et de legs, contre les *cœlibes* et les *orbi*, furent étendues aux fidéicommis par le sénatusconsulte Pégasien dont nous nous occuperons un peu plus loin.

Nous avons vu que les pérégrins, incapables d'être institués héritiers ou légataires, avaient le *jus capiendi ex fideicommisso*; ce droit leur fut enlevé par un senatus consulte rendu sous Adrien, qui étendit aussi à la matière des fidéicommis, l'incapacité qui frappait la *persona incerta* et le *postumus alienus*, en matière d'institution et de legs (Gaii comm. II, § 285 et 287). En un mot, on en vint à exiger des fidéicommissaires, la même capacité que pour les légataires. Toutefois le principe qu'ils tirent leur origine *non ex rigore juris civilis, sed ex voluntate relinquentis* (Ulp. reg 25, § 1), avait toujours prévalu, et les faisait exécuter d'une manière plus large que les institutions et les legs, comme Justinien lui-même nous l'apprend dans ses Institutes: « *Antiquitatem invenimus legata quidem stricte concludentem, fideicommissis autem, quæ ex voluntate magis descendebant defunctorum pinguiorum naturam indulgentem* (Instit. liv. II, tit. 20, § 3,). Ainsi, le disposant pouvait mettre un fidéicommis et non un legs à la charge d'un héritier *ab intestat* (Ulp. reg., tit. XXV, § 4.).

Le legs ne pouvait être fait qu'en employant les paroles consacrées par le droit civil, *civilia verba*, et en langue latine; le disposant avait, au contraire, en matière de fidéicommis, un choix d'expressions à peu près illimité; il pouvait employer la langue grecque, et même faire un fidéicommis valable par simple geste, *nutu*. (Ulp. *reg.* tit. 25, § 2, 3 et 9).

Enfin le *fideicommittens* pouvait fixer un terme pour l'exécution du fidéicommis; tandisqu'il n'était pas permis d'instituer un héritier *ad certum tempus*, ou *ex certo tempore*. Je ferai remarquer encore que le fidéicommissaire étant dans l'obligation de s'adresser à un préteur particulier, pour obtenir directement la *missio in rem*, sans aller devant un *judex*, cette *cognitio extraordinaria* donnait à ce magistrat un large pouvoir d'appréciation dans l'exécution des fidéicommis, qui permettait de se conformer bien plus complétement, que pour les legs à la volonté du disposant. Toutefois il est certain que les fidéicommis eurent depuis les réglementations que nous avons vues plus haut, une grande analogie avec les legs, et particulièrement avec le legs *per damnationem*, surtout depuis la constitution rendue en 339, par les fils de Constantin, qui supprima la nécessité des formules consacrées pour les différentes sortes de legs. Aussi Justinien ayant décrété dans la loi 1re au Code (*communia de leg. et fideicomm.* 6, 4, 3), que tous les legs auraient la même nature, fut amené à confondre entièrement les legs et les fi-

déicommis : « Necessarium esse duximus, omnia
« legata fideicommissis exæquare, ut nulla sit in-
« ter ea differentia. » (*Institut.*, liv. 11, tit. XX,
§ 5 *de legatis*, et loi 2, Code *communia de le-
gat. et fidei*). Il ne faut pas croire cependant que
l'assimilation entre ces deux manières de disposer
ait été complète; l'intention de Justinien fut simplement de supprimer les formules de rigueur qui
les distinguaient, pour mieux assurer l'exécution
de la volonté des disposants.

Justinien cite lui-même aux Institutes, une différence remarquable entre les legs et les fidéicommis, qui subsiste même après la fusion de ces
deux manières de disposer, parcequ'elle dérive
de la nature même des choses : « Celui, dit-il,
qui est affranchi en vertu d'un fidéicommis, est
l'affranchi du fiduciaire, et non du disposant,
bien qu'il fût la propriété de ce dernier au moment de sa mort, tandis que celui qui reçoit son
affranchissement directement par testament, est
l'affranchi du testateur, et prend le nom *d'orci-
nus.* » Qui ne voit au premier abord, toute l'importance de cette distinction au point de vue de
savoir à qui appartiendraient les droits de patro-
nage?

CHAPITRE II

DES HÉRÉDITÉS FIDÉICOMMISSAIRES.

Justinien nous donne au § 2 de notre titre, les formes les plus ordinaires du *fideicommissum hereditatis : rogo fideicommitto*, etc. Ces formules ne sont pas limitatives comme dans le legs, et la liberté d'expression était à peu près complète en cette matière, malgré le dissentiment de quelques jurisconsultes qui voulaient faire proscrire certaines expressions.

On peut, ajoutent les Institutes, faire porter la restitution sur une partie seulement de l'hérédité, et le fidéi-commis peut être ou pur et simple, ou sous condition, ou même à terme, *ex die certo.*

Le fiduciaire opérait la restitution en se dessaisissant du droit qu'il avait comme héritier sur les objets compris dans le fidéi-commis, mais il n'en restait pas moins héritier d'après le droit civil ; celui-là seul était le continuateur de la personne du défunt, qui avait été investi du titre d'héritier par la loi ou par un testament : *restituta autem hereditate nihilominus heres permanet.*

Le fiduciaire pouvait donc seul poursuivre les débiteurs, et être actionné par les créanciers du défunt ; pour échapper à cette situation, nous dit Gaius (comm. 11 § 252), les parties simulaient une vente, l'héritier vendait l'hérédité au fidéicommissaire pour un prix fictif, *nummo uno*, et stipulait de lui qu'il l'indemniserait de tout ce qu'il serait obligé de payer, comme héritier, aux créanciers du défunt, et qu'il le défendrait contre les poursuites dirigées contre lui en cette qualité.

De son côté, le fidéicommissaire acheteur stipulait du fiduciaire qu'il lui remettrait toutes les choses héréditaires qui lui adviendraient en sa qualité d'héritier : et qu'il lui permettrait de poursuivre, comme *procurator in rem suam*, les débiteurs. Ces stipulations portaient le nom de *stipulationes emptæ et venditæ hereditatis*, et constituaient le fidéicommissaire *loco emptoris*. Toutefois Gaius nous parle de ces stipulations, comme ayant été en usage autrefois, mais étant déjà tombées en désuétude de son temps ; elles présentaient ce grave inconvénient que les recours réciproques de chacun des stipulants contre son promettant, pouvaient devenir illusoires, à raison de son insolvabilité.

Pour remédier à cet état de choses, sous le règne de Néron, fut rendu un sénatusconsulte Trébellien, dont Ulpien nous a conservé les termes mêmes (Dig., liv. XXXVI, tit. 1ᵉʳ, loi 1ʳᵉ, *ad senat. cons. Trebell.*) « En cas de contestation soulevée à propos des biens attribués par hérédité fidéicommissaire, comme il était juste qu'elle fût aux risques de celui auquel avaient été restitués et les biens et les fruits, afin que la bonne foi du fiduciaire ne fût pas pour lui une source de dangers ; il a été décidé que toutes les actions, qui, en droit civil, devraient être données à l'héritier et contre lui, seraient données au fidéicommissaire et contre lui. »

A partir de ce sénatusconsulte, le fidéicommissaire est *loco heredis*, dit Gaius (comm. 11, § 251), c'est-à-dire qu'il est investi directement de toutes les actions, tant actives que passives.

Les actions héréditaires peuvent donc être intentées par lui et contre lui ; mais ce sont seulement des actions utiles, accordées par le préteur, les actions directes restant dans la main de l'héritier proprement dit ; et comme d'après le droit civil, ce dernier pourrait encore actionner et être actionné, le préteur lui donne l'exception *restitutæ hereditatis*, pour repousser les créanciers héréditaires, il donne la même arme aux débiteurs héréditaires, pour repousser au besoin ses injustes prétentions « Qui ex Trebelliano senatusconsulto

« hereditatem restituit, sive petat a debitoribus
« hereditariis, sive ab eo petatur ; exceptione res-
« titutæ hereditatis, adjuvari , vel summoveri
« potest. (Loi 27. § 7, *ad senat. cons. Tre-*
« *bell.*) »

Dans ce système, l'héritier grevé de fidéicommis peut bien , il est vrai , faire adition sans
danger, puisque la restitution une fois opérée, il
ne peut plus être actionné efficacement par les
créanciers du défunt ; mais, lorsqu'il est chargé
de rendre toute l'hérédité, il n'a aucun intérêt à
faire adition ; aussi un grand nombre d'institués
refusaient *adire hereditatem*, et faisaient ainsi
tomber le fidéicommis avec le testament qui le
contenait.

C'est pour donner aux institués un intérêt à
faire adition, qu'une nouvelle disposition législative, le sénatusconsulte Pégasien , rendu sous
Vespasien, étendit aux fidéicommis le système de
la loi Falcidie sur les legs. Cette loi avait assuré
le quart de l'hérédité à l'héritier grevé de legs,
pour le pousser à faire adition ; notre sénatusconsulte, dans le même but, donna au fiduciaire
le droit de garder le quart du fidéicommis :
« Perinde liceret quartam partem retinere, at-
« que e lege Falcidia in legatis retinere concedi-
« tur. » (Gaii, comm. II, § 254.)

Ce dernier sénatusconsulte n'abroge pas entièrement comme nous allons le voir, le sénatus-consulte Trébellien, il y a lieu, selon les cas, à l'application de l'un ou de l'autre, mais lorsque le Pégasien est applicable, le fidéicommissaire n'est plus *loco heredis*, mais bien *loco legatarii*, les actions ne lui passent plus directement, mais, entre lui et le fiduciaire interviennent les stipulations *partis et pro parte*, en usage entre l'héritier et le légataire partiaire.

Nous avons vu que le sénatusconsulte Pégasien avait eu pour but, en accordant la quarte au fiduciaire, de le pousser à faire adition ; lors donc que l'héritier n'était pas chargé de restituer plus des trois quarts de l'hérédité, le motif de cette dernière disposition législative n'existant plus, il n'y avait plus lieu de l'appliquer, et le sénatusconsulte Trébellien devait reprendre toute sa force, c'est ce que Gaius nous dit en propres termes : (Comm. 11 § 255.) « Ergo si quidem non plus « quam dodrantem hereditatis scriptus heres ro- « gatus sit restituere; tum ex Trebelliano senatus- « consulto restituetur hereditas. » Les actions héréditaires sont données comme actions utiles au fidéicommissaire, et comme actions directes au fiduciaire, selon la part qui revient à chacun d'eux dans l'hérédité.

Mais ici se présentait une difficulté qui divisait les jurisconsultes romains ; suppposons un fi-

duciaire chargé de restituer toute l'hérédité, qui
refuse de retenir la quarte, comme le sénatus consulte Pégasien lui en donnerait le droit ; » fidum-
» que obsequium defuncti precibus præbere desi-
» derans » (loi 45 Dig. *ad senat. cons. Trebell*),
il fait volontairement adition et restitue l'hérédité toute entière ; lequel des deux sénatusecon-
sultes faudra-t-il appliquer ? Selon Gaius, c'est le
Pégasien, et la seule différence entre le cas où le
fiduciaire retient la quarte, et celui où il ne la
retient pas, c'est que dans la première hypothèse,
les parties devront recourir aux stipulations *partis et pro parte*, et dans la seconde aux anciennes
stipulations *emptæ et venditæ hereditatis*.

Mais cette doctrine était repoussée par d'autres
jurisconsultes, notamment par Paul (Sent. liv. IV,
tit III, § 2), et par Modestin (loi 45 Dig. *ad se-
natusconsult. Trebell.*), qui pensaient que le sena-
tusconsulte Trébellien redevenait seul applicable,
au cas où le fiduciaire refusait de faire réduire le
fidéicommis, comme le Pégasien lui en donnait
le droit. Pour mon compte, je trouve cette opinion
des deux jurisconsultes plus logique que celle de
Gaius ; si l'on songe en effet, que le dernier sénatusconsulte n'avait point eu pour but d'abroger
le premier, mais de le suppléer dans certains cas,
en portant l'institué, par l'appât d'un certain gain,
à faire adition, et cela dans l'intérêt du fidéicom-

missaire ; on conviendra que c'est bien mal ré-
compenser le désintéressement du fiduciaire qui
a repoussé les avantages du second sénatus-consulte pour se mettre simplement sous la protection du premier ; que de lui refuser cette protection plus efficace pour lui du Trébellien.

Le sénatus-consulte Pégasien prévoyait un
autre cas, où les règles du Trébellien étaient encore applicables ; c'était celui où l'héritier institué
refusait de faire adition, parce que l'hérédité lui
paraissait mauvaise ; sur la demande du fidéicommissaire, le préteur ordonnait à l'héritier de faire
adition et de restituer : « perindeque ei et in eum
« qui receperit, actiones dantur ac juris est ex
« senatus-consulto Trebelliano. Quo casu, nullis
« stipulationibus opus est, quia simul, et huic
« qui restituit securitas datur, et actiones heredi-
« tariæ ei et in eum transferuntur qui receperit
« hereditatem » (Gaii comm 11, par. 258).

Nous avons vu que l'application du sénatusconsulte Pégasien nécessitait l'emploi de stipulations
partis et pro parte, et dans un cas, selon Gaius,
de celles *emptæ et venditæ hereditatis*, Papinien
les traitait déjà de captieuses ; « captiosas eas
hanc excelsi ingenii Papinianus appellat » (Instit. liv. 2 tit. 23 § 7). Frappé de cet inconvénient, Justinien supprima le sénatusconsulte Pégasien, ou plutôt réunit les deux sénatusconsul-

tes en un seul, en lui conservant le nom du Trébellien. Après ce changement la restitution se fera toujours *ex Trebelliano*, c'est-à-dire que toutes les actions passeront directement au fidéicommissaire et contre lui. Mais conformément au sénatusconsulte abrogé, l'héritier chargé de restituer plus *quam dodrantem*, pourra retenir ou parfaire sa quarte. Justinien va jusqu'à lui permettre de la répéter, si par erreur il a payé plus des trois quarts ; ce qui paraît être une innovation, car Paul nous dit formellement que la répétition n'était pas permise sous l'empire du sénatusconsulte Pégasien : « Qui totam hereditatem restituit, cum « quartam retinere ex Pegasiano debuisset, si « non retineat, repetere eam non potest : nec « enim indebitum solvisse videtur, qui plenam « fidem defuncto præstare maluit » (Sent. liv. IV, tit. III § 4.) Enfin si l'héritier refuse de faire adition malgré le désir du fidéicommissaire d'obtenir la restitution de l'hérédité, il y sera contraint de plein droit, « nullo nec damno nec commodo » apud heredem remanente (Instit. liv. II tit. XXIII, § 7 fin.)

Si nous supposons que le testateur a chargé son héritier de rendre l'hérédité, moins un objet déterminé, on examinera si l'objet vaut le quart ; s'il lui était inférieur, l'héritier aurait le droit de faire compléter sa quarte jusqu'à due concurrence, et depuis Justinien, ce serait encore le sénatus consulte Trébellien qui serait applicable, mais il n'en faut pas moins distinguer soigneusement ce cas, d'avec celui où l'héritier est grevé de fidéicommis *quarta parte retenta ;* car, ainsi que nous l'apprend Marcien (loi 30, Dig. § 3, *ad senat. cons. Trebell.*), dans le premier cas les actions passent toutes au fidéicommissaire, et dans le second, elles se divisent entre l'héritier et le fidéicommissaire. Justinien explique avec plus de développements encore, que l'héritier qui restitue l'hérédité, *deducta sive præcepta aliqua re,* n'est considéré que comme un légataire à titre particulier, *sine ullo onere hereditario (Instit. de fid. her ed.* § 9.)

Marcien nous apprend aussi aux § 4 et 5 de la loi 30, que nous venons de citer, qu'au cas où l'héritier, trouvant que l'objet à lui réservé dans l'hérédité était inférieur à sa quarte, voulait la faire compléter, l'empereur intervenait ordinairement pour faire respecter la volonté du défunt, à moins que ce dernier n'eût accordé aucun prélèvement à son héritier, auquel cas on lui accordait sa quarte toute entière. Justinien alla plus loin, et autorisa les testateurs à empêcher le fiduciaire de faire aucun prélèvement.

Le *fidéicommis* pouvait exister en dehors de tout testament, en vertu d'un simple codicille, à la charge soit de l'héritier légitime, soit de celui que le droit prétorien appelait à la succession en qualité de *bonorum possessor* (*Instit.* § 10. *de fideic. hered.* Gaii *comm.* 11, § 270,).

Il est même probable que les premiers fidéicommis durent être mis à la charge d'héritiers *ab intestat* qu'on ne pouvait grever d'aucun legs. Mais Ulpien nous fait remarquer, que le *de cujus*, pour charger valablement son héritier *intestat* d'un fidéicommis, a dû mourir capable de faire un testament (Ulp. *reg.*, tit. XXV. § 4). Une question avait ici divisé les jurisconsultes romains, celle de savoir si les sénatusconsultes Trébellien et Pégasien devaient s'appliquer au fidéicommis dans le cas d'hérédité *ab intestat*; le motif du doute venait de ce que le Trébellien ne semblait prévoir que le cas d'un fidéicommis *ex testamento restitutum*. Paul nous apprend qu'Antonin le Pieux avait tout au moins permis aux successeurs *ab intestat* de retenir la quarte, conformément au sénatusconsulte Pégasien, (liv. XXXV, Dig. tit. 11, loi 18).

Le premier fidéicommissaire peut être chargé de restituer à un autre, (Inst. § 11, *de fideic. hered.*), aura-t-il le droit de retenir une nouvelle quarte? Non en principe, à moins que l'héritier n'ait fait adition *coactus, jussu prætoris*, en restituant par conséquent toute l'hérédité, car dans ce cas, le premier fidéicommissaire prenant, pour

ainsi dire, la place de l'institué retiendra la
quarte à sa place : « si cum suspectam videret
« hereditatem, postulante me, jussu prætoris
« adieris, et restitueris mihi, ita utar legis Falci-
« diæ beneficio adversus legatarios, si tu quoque
« ea lege uti poteras, et quatenus uti poteras, »
(loi 63, Dig. *ad senat. cons. Trebell.*)

Comment s'opère la restitution de l'hérédité
fidéicommissaire? Ulpien nous apprend (loi 37,
Dig. *ad senat. Trebell*), que la restitution pouvait
se faire verbalement, par lettre, par message, ou
par l'entremise d'un tiers mandataire du fidéicommissaire, le grevé pouvait aussi donner man-
dat d'opérer pour lui la restitution. Enfin la restitution pouvait se faire encore *re ipsa*, quand le
fidéicommissaire, du consentement du fiduciaire,
se mettait en possession de l'hérédité, les deux
parties ayant l'intention l'une de restituer, l'autre
de recevoir. En somme, ceci revient à dire que la
restitution s'opérait par le seul accord des volontés, même avant toute tradition, et c'est ce que
Gaius nous dit en termes généraux (loi 63 Dig.
princip. ad senat. Trebell.): « Pacta in fidei-
« commissarium restitutione, statim omnes res
« in bonis fiunt ejus cui restituta est hereditas,
« etsi nondum earum nactus fuerit possessio-
« nem. »

Le pupille chargé de restituer une hérédité, de-

vait faire la restitution en personne, avec l'autorisation de son tuteur, le tuteur ne pouvait restituer sans le pupille que lorsque ce dernier était
encore *infans* (Dig., loi 37, § 1, *ad senat. Trebell.*) Mais un tuteur ne pouvait autoriser valablement son pupille, si la restitution devait être
faite à lui-même (même loi.) Enfin la restitution
faite au pupille n'était valable, qu'autant que le
tuteur avait donné son autorisation (loi 37, Dig.,
§ 2, *ad senat. Trebell.*) Mais ce dernier cas présentait autrefois de graves difficultés lorsque la
restitution devait être faite à un pupille encore *infans*. (Loi 65, Dig , § 3, *ad senat. cons. Trebell.*)
Supposons d'abord que le grevé de fidéicommis
au profit de l'*infans* a fait volontairement adition ;
dans ce cas, l'hérédité sera restituée au pupille
lui-même, ou à un de ses esclaves, *tutore auctore*,
car, nous dit le jurisconsulte Marcianus, la circonstance que le pupille ne parle pas encore, ne
sera pas plus un obstacle à la restitution, qu'elle
ne le serait pour un muet capable de manifester sa
volonté. Mais si l'héritier refuse de faire adition,
le cas devient plus délicat, et le jurisconsulte avoue
lui-même son embarras en présence de cette hypothèse : « Quemadmodum res expediri possit,
difficile est; » c'est que, d'une part, le fait de
demander au préteur, *ut heres coactus adeat hereditatem*, est une véritable adition, qui, d'après

le sénatus consulte Trébellien, met l'hérédité aux risques du pupille ; or l'adition d'hérédité est un des actes réservés à la partie intéressée en personne, d'autre part, le pupille ne peut pas agir lui-même, *cum fari non possit*. Le jurisconsulte trouve, pour venir au secours du pupille, un moyen tiré par analogie du droit civil et du droit prétorien : Si, dit-il, le pupille avait été institué héritier, il aurait certainement pu faire des actes d'héritier avec l'autorisation de son tuteur, et d'autre part, s'il s'agissait d'une *bonorum possessio* succession prétorienne), il est de principe que le tuteur pourrait l'exercer pour lui ; par analogie le tuteur pourra contraindre l'héritier grevé à faire adition et à restituer. Plus tard une constitution des empereurs Théodose et Valentinien coupa court à ces difficultés, en permettant dans ce cas au tuteur de faire adition au nom du pupille et de lui acquérir ainsi l'hérédité. (Liv. VI, au code, tt. 30, loi 18, § 2, *de jure deliber.*)

CHAPITRE III.

DES FIDÉICOMMIS A TITRE PARTICULIER.

On peut aussi transmettre par fidéicommis des objets particuliers, et Ulpien nous apprend que le fidéicommis avait, sous le rapport des objets qu'il

pouvait comprendre, la même latitude que le legs *per damnationem :* « res per fideicommissum re-
« linqui possunt, quæ etiam per damnationem le-
« gari possunt. (*Ulp. reg. tit. XXV* § 5.) Cette disposition peut être mise à la charge soit de l'héritier institué, soit du légataire ; bien qu'avant Justinien il ne fût pas permis de mettre un legs à la
charge d'un premier légataire.

Comme dans le legs *per damnationem,* on pouvait laisser par fidéicommis, non-seulement sa
chose, mais encore la chose d'autrui, ou celle
du fiduciaire, avec cette restriction , que dans le
cas de restitution d'une *res aliena,* le fiduciaire
ne pouvait être chargé de restituer plus qu'il
n'avait reçu : « hoc solum observandum est ne
» plus quisquam rogetur alicui restituere quam
« ipse ex testamento ceperit; nam quod amplius
« est, inutiliter relinquitur. » (*Inst. de sing. reb.
per. fid. relict.* § 1. (Cependant si l'objet à restituer appartenait au fiduciaire, il ne pourrait le refuser sous le prétexte qu'il vaut plus que ce qu'il
a reçu ; car en acceptant la disposition faite en sa
faveur, il s'est soumis à toutes les charges qui la
grèvent.

Selon certains jurisconsultes du temps de Gaius,
(Gaii *comm.* 11, § 262) il y avait, entre le
cas où la *res aliena* avait été laissée *per fideicommissum,* et celui où elle avait été léguée *per dam*

nationem, cette différence que dans la première hypothèse, le fidéicommis s'évanouissait lorsque le maître de la chose refusait de la vendre, au lieu que dans la seconde, l'héritier devait l'estimation. Justinien ne parle plus de cette opinion qui probablement n'était plus soutenue de son temps.

Le *fideicommittens* peut aussi charger le fiduciaire, d'affranchir soit un esclave lui appartenant, soit celui du fiduciaire, soit enfin l'esclave d'autrui. Dans ce dernier cas le grevé doit l'acheter pour l'affranchir; qu'arrivera-t-il si son maître refuse de le vendre? Dans ce cas, nous dit Gaius, le fidéicommis de la liberté s'évanouit sans retour : « sane extinguitur libertas, quia pro libertate pre- « tii computatio nulla intervenit. (*Comm.* 11, § 265).

Ulpien était du même avis. Mais un rescrit de l'empereur Alexandre adoucit la rigueur de cette doctrine, en décidant que le fiduciaire ne serait plus libéré, par cela même, de son obligation, mais, devrait plus tard, si l'occasion s'en présentait, acheter l'esclave pour l'affranchir. Justinien passe sous silence aux *Institutes*, l'opinion de Gaius, et ne reproduit que la décision d'Alexandre : « Non « statim extinguitur fideicommissaria libertas « sed differtur. »

CHAPITRE IV.

PREUVE DES FIDÉICOMMIS.

L'institution d'héritier reçoit son existence non-seulement de la volonté du testateur, mais encore de la forme sans laquelle elle est non avenue, quelle qu'ait été l'intention du testateur; il en était de même du legs avant Justinien.

Quant aux fidéicommis, la volonté seule du disposant les constitue; pour établir leur existence il suffit donc de prouver cette volonté. A défaut d'écrit la preuve peut se faire simplement par témoins : « vel, sine scriptura fideicommissum relin- « qui posse, adhibitis testibus, nulla dubitatio « est » (Liv. VI au Code, tit. 42 loi, 22 *de fidei- commissis.*

Une constitution de Théodose le Jeune exigeait dans tout acte de dernière volonté autre que le testament, à défaut d'écrit, l'intervention de cinq témoins : « In omni autem ultima voluntate, excepto « testamento, quinque testes, vel rogati, vel qui « fortuitu venerint, in uno eodemque tempore « debent adhiberi, sive in scriptis, sive sine scrip- « tis voluntas conficiatur. » Mais cette mesure ne fut pas établie *ad solemnitatem*, mais seulement *ad probationem*, pour faciliter la preuve du fidéi-

commis, qui d'ailleurs peut fort bien être admi-
nistrée en l'absence de cette formalité. En effet,
Justinien prévoyant le cas où celui qui prétend
avoir reçu un fidéicommis se trouve dans l'impos-
sibilité d'en faire la preuve soit par écrit, soit par
les cinq témoins dont parle Théodose, lui permet formellement de déférer le serment au prétendu fiduciaire, qui devra, ou jurer, qu'à sa con-
naissance le disposant n'a pas eu l'intention de le
grever de fidéicommis, où, en cas de refus du serment, perdre son procès. L'empereur exige seulement du fidéicommissaire un serment préalable
qu'il agit de bonne foi (*Instit. de fideic. hered.*
§ 12, et loi 32 au Code § 1 *de fideicommissis.*)

DROIT FRANÇAIS.

DES

LIBÉRALITÉS INDIRECTES

INTRODUCTION.

En tête de cette étude sur les libéralités indirectes, je crois indispensable de définir préalablement, ce qu'il faut entendre, selon moi, par ces mots : libéralités indirectes ; avec les distinctions que peut comporter cette appellation générique : ce sera le meilleur moyen d'éviter la confusion qui me paraît fort à craindre en cette matière.

Le Code a compris, selon moi, sous le nom de

libéralités indirectes *in genere*, tous les avantages purement gratuits qui ne se produisent pas sous la forme ordinaire des donations, telle qu'elle est établie par les art. 931, 932 et suivants du Code Napoléon ; c'est-à-dire dans la forme notariée, accompagnée ou suivie d'une acceptation expresse également en forme authentique.

Sous cette dénomination générale, sont comprises, comme l'espèce l'est dans le genre, les libéralités déguisées, soit sous la forme d'un contrat à titre onéreux, soit à l'aide d'une interposition de personne : le législateur ayant, dans un cas unique, celui de l'article 1099, et pour des motifs que nous exposerons plus tard, attaché des conséquences toutes spéciales à cette subdivision d'avantages indirects. Mais puisque la loi dans un cas tout au moins, a distingué la donation déguisée de l'avantage simplement indirect, il peut y avoir un intérêt très-grand à les distinguer ; quelle sera donc la différence spécifique qui nous permettra de faire cette distinction ? Cette différence est la simulation. L'avantage indirect, ai-je dit, se produit en dehors de la forme légale ordinaire ; mais il le fait d'une manière ostensible, ainsi : je vends à Pierre pour 50000 fr. une maison qui en vaut 100000 ; si j'ai voulu faire bénéficier Pierre de la différence entre ce prix et la valeur réelle de ma maison, cela constitue de ma part un avantage indirect; mais il n'est pas déguisé ; parce qu'aucune précaution n'a été prise par moi, pour ôter à l'acte son véritable caractère. Mais supposons qu'ayant vendu cette même maison à Paul 100000 fr., c'est-à-dire sa juste valeur, je lui passe quittance de l'intégralité du prix que je n'ai pas reçu; je donne ici l'apparence d'un contrat onéreux à un contrat purement gratuit, nous avons comme tout à l'heure un avantage indirect, mais compliqué de simulation. Le déguisement peut consister aussi, dans une interposition de personne, comme si je donne à Paul une certaine somme en le chargeant secrètement de la remettre à Pierre, qui est, en réalité, le seul gratifié.

Le fait seul d'avoir voulu dénaturer le véritable caractère d'un acte, ne fait-il pas présumer à première vue l'intention de frauder la loi? et cette considération ne nous indique-t-elle pas dès à présent, que le législateur, dans un but préventif, a dû se montrer plus sévère dans le cas de donations déguisées que dans celui d'avantages indirects simples? surtout lorsqu'à raison, soit de la qualité des personnes, soit de toute autre circonstance, la fraude lui a paru plus particulièrement à craindre ; c'est justement le système qu'a suivi, ce me semble, le législateur, dans l'art. 1099 sur les donations entre époux.

Cette manière d'envisager les libéralités indirec-

tes, avec la subdivision qu'elle comporte, seulement dans des circonstances exceptionnelles, n'est
pas admise par tout le monde ; elle rend parfaitement, je crois, la pensée du législateur, qui a dû
suivre ici Pothier, son guide ordinaire, qui l'établit très-clairement dans ses différents traités. Pothier cite à tout propos comme exemples de donations indirectes, celles qui sont déguisées sous la
forme d'un contrat à titre onéreux, ou faits par
personne interposée. C'est ainsi que dans son introduction au titre XVII de la coutume d'Orléans,
après s'être demandé quels avantages sont sujets
à rapport, il répond : « Les avantages même indirects sont sujets à rapport : telles sont les donations que le défunt aurait faites à l'un de ses enfants, par l'interposition d'une tierce-personne,
ou celles qui auraient été déguisées sous l'apparence d'un autre contrat. Par exemple, lorsqu'un
père vend à l'un de ses enfants un héritage pour
un prix au dessous de sa juste valeur, un tel acte
est réputé une donation déguisée sous le nom de
vente, et l'enfant est tenu de rapporter l'héritage
à la succession, qui lui doit faire raison du prix
que le défunt a reçu. » Pothier reproduit la même
théorie dans son *Traité des successions* (ch. IV,
art. 2, § 2), et dans son *Traité des donations entre mari et femme* (n° 77), où il distingue même
quatre espèces d'avantages indirects. Mais dans

ce dernier Traité que je viens de citer, il distingue formellement, d'après le droit romain (loi 5, § 5, Dig., *de donat. inter vir. et ux*), si l'avantage entre époux est simplement indirect ou s'il est en outre entaché de déguisement ; pour user dans le dernier cas, d'une sévérité toute spéciale (Poth. *Traité des donations entre mari et femme*, n° 78).

Je dois avouer cependant que l'ancienne jurisprudence n'admettait pas en général cette distinction établie à propos des donations entre époux ; et que les travaux préparatoires du Code, présentent en cette matière une grande confusion, qui a permis aux différents systèmes que nous aurons à examiner, de les invoquer en sens divers.

Une remarque à faire, c'est qu'en réputant avantage indirect, toute libéralité qui ne se présente pas sous la forme authentique, je ne saurais y comprendre, comme le faisait Furgole (sur l'article 1er de l'ord. de 1731), les dons manuels, institution de fait plutôt que de droit, imposée par l'usage, et les rapports sociaux ; que l'ordonnance de 1731 d'abord, et le Code ensuite, ont reconnue plutôt que réglementée. Le don manuel dont l'existence est supposée dans les art. 852 et 868 du Code Nap., ne s'applique qu'aux meubles corporels, le transport de la propriété a lieu alors par la tradition, et le donataire est protégé par le fait de sa possession, en vertu de la maxime géné-

rale : en fait de meubles possession vaut titre,
consacré par l'art. 2279, C. N.). Ce que je viens
de dire des dons manuels est confirmé d'ailleurs
par l'auteur même de l'ordonnance de 1731 ; le
chancelier d'Aguesseau, qui, nous apprend formellement, qu'ils sont en dehors des formes
établies par l'ordonnance (lettre 290 t, IX.). Le
tribun Jaubert enseigne la même opinion dans la
discussion du titre des donations : « les dons manuels, dit-il, ne sont susceptibles d'aucune forme, il
n'y a là d'autre règle que la tradition, sauf néanmoins la réduction et le rapport, dans les cas de
droit. » (Locré, *legis. civ.* t. XI, p. 459). Ces observations suffisent, je pense, pour démontrer
que cette catégorie toute spéciale de libéralités se
trouvant en dehors du cadre que je me suis proposé ; je n'aurai pas à m'en occuper davantage.

Après ces explications préliminaires, je divise-
rai cette matière des donations indirectes en trois
parties. Dans la première, j'étudierai les avantages
indirects au point de vue des règles de forme ;
dans la seconde au point de vue des règles de fond ;
enfin la troisième partie comprendra l'étude des
libéralités indirectes entre époux, et comme appendice celle des ventes entre époux.

PREMIÈRE PARTIE.

AVANTAGES INDIRECTS AU POINT DE VUE DES RÈGLES DE FORME.

Les règles concernant la forme des actes portant donation entre vifs sont comprises dans les art. 931, 932-933, 939-942, et 948. L'art. 931 reproduisant les art. 1 et 2 de l'ordonnance de 1731 sur les donations, décide que tout acte portant donation entre vifs sera passé devant notaire, dans la forme ordinaire des contrats, et qu'il en restera minute, sous peine de nullité.

Les art. 932 et 933 exigent que la donation soit acceptée d'une manière expresse, par acte également en forme authentique, lorsque l'acceptation n'aura pas été faite dans l'acte même de donation. Si l'acceptation est faite par un mandataire, il devra être muni d'une procuration passée aussi devant un notaire ; le tout à peine de nullité de la donation.

L'art. 939 exige la transcription de l'acte de donation et des autres actes qui s'y réfèrent lorsqu'il s'agit de biens susceptibles d'hypothèques, à peine pour le donataire de se voir opposer le défaut de transcription par toutes personnes ayant intérêt, sauf certaines exceptions énoncées par la loi.

Enfin, l'art. 948 prescrit, à peine de nullité, qu'un état estimatif soit annexé à toute donation d'objets mobiliers.

La question à examiner dans cette première partie est celle de savoir si ces règles de forme sont applicables aux avantages indirects. Je traiterai d'abord de ceux qui, de l'avis de tout le monde, font certainement exception aux règles que je viens d'énumérer, puis j'arriverai aux cas où le doute peut être possible. Cette première partie sera divisée en quatre sections. Dans la première je m'occuperai des avantages indirects pouvant résulter d'une renonciation à un droit faite *animo donandi*. Dans la deuxième, de ceux qui entrent dans les cas prévus par l'art. 1121. Dans la troisième, des donations mélangées à des actes à titre onéreux. Enfin, dans la quatrième, j'examinerai la question de savoir si les donations déguisées sous la forme d'un contrat à titre onéreux sont ou non valables.

I. La libéralité résultant d'une renonciation faite *animo donandi* est, de l'avis de tout le monde, affranchie des formes édictées par les art. 931 et suivants, et par là il faut entendre non-seulement la renonciation simplement abdicative d'un droit, qui peut n'être pas une libéralité (articles 699, 784 C. N.), mais aussi la renonciation *in favorem*, faite dans l'intention de gratifier une personne déterminée, du droit auquel on renonce (art. 780 C. N.).

Déjà, sous le régime de l'ordonnance de 1731, ces sortes de libéralités n'étaient pas soumises aux solennités des donations. (Voir notamment Furgole, sur l'art. 1er de l'ord.)

Le Code nous offre de nombreux exemples de semblables renonciations, toutes sont affranchies des formes solennelles de la donation ordinaire; mais quelques-unes sont soumises à certaines formes spéciales. C'est ainsi que toute renonciation, soit à une succession, soit à une communauté, est soumise à une déclaration au greffe avec l'assistance d'un avoué (art. 784 et 1457 C. N.), (997 C. pr., et tit. viii, art. 91, § 18 du Tarif civil). Ainsi encore, toute renonciation à un droit de propriété immobilière, à un droit réel susceptible d'hypothèque, à un droit d'antichrèse, de servitude, d'usage ou d'habitation, doit être transcrite pour être opposable aux tiers (art. 1er, n. 2, et 2, n. 2, loi du 23 mars 1855), mais ces formalités ne sont pas attachées à l'idée de libéralité. L'article 1338 C. N., qui prévoit le cas de ratification d'une obligation annulable, exige aussi, pour assurer la sincérité de la ratification , certaines con-

ditions essentielles ; mais qui sont toujours néces-
saires, sans s'inquiéter si l'acte confirmatif est dû
ou non à une intention libérale.

Les articles 622, 699, 2180 [20], C. N., n'exigent
pour la validité des diverses renonciations
dont ils s'occupent, que la volonté de les
opérer, sans s'inquiéter de quelle manière cette
volonté se sera manifestée. L'art. 851 C. N. ne
suppose non plus aucune condition de forme, et
les articles 1211, 1212, 1282 et 1283 C N., vont
plus loin encore, car ils présument une libéralité,
au moyen d'une induction tirée de certains faits.

On s'est demandé si on pouvait étendre l'exemption de toute solennité, même à la renonciation
faite dans un acte bilatéral, passé entre les parties,
précisément à l'effet de l'accomplir. Les auteurs,
qui, comme M. Demolombe, n'admettent pas en
principe, la validité des avantages indirects, lorsqu'ils ne revêtent pas la forme des art. 931 et suiv.,
se trouvent ici dans un grand embarras ; l'illustre
doyen de la faculté de Caen exige la forme authentique, au moins dans le cas où les parties ont
annoncé la volonté de faire une donation entre-
vifs, en prenant les qualités de donateur et de donataire, et sur ce premier point, je suis d'accord
avec lui ; mais dans les autres cas il se permet de
douter si l'absence de solennité est licite (*Traité
des donat.*, t. III, n° 84) ; c'est-à-dire qu'il ne sait

trop quel parti adopter ; voici quelle me paraît
être la raison de cette indécision : c'est que dans
le système adopté par lui sur la question de la validité des donations déguisées sous la forme d'un
contrat onéreux, on ne sait à quel principe ratta-
cher les exemples de renonciations que le Code
nous présente comme exempts certainement de
toute solennité de forme, ce qui explique sa ten-
dance à les restreindre le plus possible, même
sans un motif plausible sur lequel on puisse asseoir
une distinction entre les renonciations unilatérales
et celles qui proviennent d'une convention synal-
lagmatique.

Quant à ceux qui pensent, et je suis de ce nombre, que le législateur, dans les articles 931 et suiv.,
a voulu régler seulement, comme le disait déjà Furgole à propos de l'ordonnance de 1731 (sur l'article 1ᵉʳ) : « La forme des donations expresses et
qui sont pratiquées le plus communément ; » sans
viser « les donations tacites dans les cas où elles
sont présumées ; » ceux là admettront sans difficulté la validité de tous ces actes sans aucune solennité de forme, comme une conséquence du
système. C'est ce qu'a fait la Cour de cassation
dans un arrêt Foubard, du 15 novembre 1858.
Voici l'espèce : Une demoiselle Foubard était morte
en 1834, laissant pour héritiers six frères et sœurs
et une fille naturelle, Henriette Foubard , qui n'a

vait droit par conséquent qu'à la moitié de la succession de sa mère. On la laissa cependant en possession de toute la succession jusqu'en 1855, où quatre de ses cohéritiers intentèrent contre elle et les deux autres une action en partage. Les défendeurs au partage alléguaient un pacte de famille intervenu entre les cohéritiers après la mort de la demoiselle Foubard, en vertu duquel les six frères et sœurs auraient renoncé à leur part respective de succession, en faveur de la fille naturelle de la défunte. La Cour de Bourges avait admis ce système de défense sur la base d'un commencement de preuve par écrit, et de présomptions graves, précises et concordantes. Un des moyens du pourvoi consistait à dire que ce pacte, en admettant son existence, n'était autre chose qu'une donation entre vifs soumise aux formes des articles 931 et suivants, et que la prétendue convention, ne se présentant pas sous cette forme, sa nullité devait nécessairement s'en suivre. La Cour repoussa ce moyen en ces termes : « Attendu que, en admettant au même titre que la donation, vente ou transport, la renonciation gratuite de l'un des héritiers au profit d'un ou de plusieurs de ses cohéritiers (art. 780), la loi n'en a pas déterminé la forme, et notamment ne l'a pas soumise aux règles et conditions des actes portant donation entre vifs ; que dès lors, elle reste, quant à la

preuve, dans les termes du droit commun, » etc...
rejette.

Cette décision de la cour suprême me semble concorder parfaitement avec sa jurisprudence sur la validité des libéralités indirectes *in genere*, que j'adopterai moi-même un peu plus loin.

Les renonciations *in favorem* n'étant pas soumises aux solemnités de forme de l'article 931, ne le sont pas davantage à celles des articles 932, 939 et 948.

Toutefois, à propos d'acceptation d'une renonciation, je distinguerai avec **M.** Demolombe, si elle porte sur un droit réel ou sur un droit personnel.

Dans le cas de renonciation à un droit réel, l'article 790 C. N. nous montre que jusqu'à l'acceptation expresse ou tacite (778), de ladite succession par d'autres héritiers, le renonçant peut revenir sur sa renonciation ; mais je n'oserais pas en conclure que la libéralité résultant de la renonciation est révoquée de plein droit par le décès du renonçant avant l'acceptation de la succession par d'autres ; je crois que les personnes appelées à profiter de la renonciation peuvent accepter même après la mort du renonçant.

Lorsqu'il s'agit de la renonciation à un droit personnel, c'est-à-dire, d'une remise de dette, il faut bien aussi l'acceptation du débiteur pour que la remise devienne irrévocable, mais cette acceptation n'est pas soumise davantage à la forme authentique. Les articles 1282 et 1283 C. N. admettent même, comme je l'ai déjà dit, la remise tacite, et la font résulter de certains faits pouvant faire présumer l'intention du créancier. Pothier disait déjà (*Traité des obligations* n° 572) : « que la remise peut se faire par une convention tacite qui résulte de certains faits qui la font présumer.

Or, si la loi présume si facilement la remise de la dette, il paraît naturel de présumer aussi d'après certains faits, l'acceptation tacite de la remise; c'est ce que la Cour de cassation a admis dans un arrêt Ardant, du 2 avril 1823, où il s'agissait d'une remise de dette, faite par un frère à son frère, au moyen d'une quittance confiée à une tierce personne; sans qu'il fût possible de prouver nettement que le libéré avait accepté la remise avant la mort du créancier donateur. Toutefois cet arrêt me paraît devoir être critiqué, mais pour une autre raison, c'est que le frère créancier ayant remis la quittance à une tierce personne, avant de partir pour la bataille de Waterloo, avec ordre de ne la livrer à son frère qu'en cas de mort, il y avait là une donation à cause de mort que la Cour aurait dû annuler (art. 893 C. N.).

II. L'art. 1119 énonce le principe qu'on ne peut en général stipuler que pour soi-même ;

l'art 1121 présente à ce principe une exception en ces termes : « on peut stipuler au profit d'un tiers, lorsque telle est la condition d'une stipulation que l'on fait pour soi-même, ou d'une donation que l'on fait à un autre. Celui qui a fait cette stipulation ne peut plus la révoquer, lorsque le tiers a déclaré vouloir en profiter. » Enfin l'article 1973 nous offre une application de ce principe à la rente viagère ; elle peut être constituée, dit-il, au profit d'un tiers, quoique le prix en soit fourni par une autre personne. Dans ce cas, quoiqu'elle ait les caractères d'une libéralité, elle n'est point assujettie aux formes requises pour les donations, sauf les cas de réduction et de nullité énoncés dans l'art. 1970. »

Le motif de l'art 1121, c'est que, dans la première hypothèse, l'acte de donation étant en faveur du donataire principal, et non point du tiers gratifié accessoirement, la libéralité mise à la charge du premier n'est qu'une modalité de la donation principale avec laquelle elle se confond.

Dans la seconde hypothèse, si je vous vends une maison 100000 fr., en stipulant, en outre, de vous, que vous paierez à Paul une rente viagère annuelle de 500 fr. ; le contrat principal étant un contrat de vente, la libéralité accessoire qu'il renferme pourra aussi emprunter la forme sous-seing privé, en vertu du principe : *accessorium sequitur principale.*

A Rome on avait longtemps refusé toute action au donataire en sous ordre, qui n'avait pas paru dans la stipulation ; plus tard on lui accorda une action utile : « postea benigna juris interpreta- « tione divi principes ei, qui stipulatus non sit, « utilem actionem juxta donatoris voluntatem competere admiserunt. (loi 3 au Code *de* donat. *quæ sub modo.*) Pothier (*Traité des oblig.* n° 72) semble bien admettre cette action du tiers gratifié contre celui qui est chargé de lui délivrer l'objet de la donation, bien qu'il constate qu'il est lié par « l'équité naturelle, plutôt que par un engagement de droit. Aujourd'hui le tiers gratifié a sans aucun doute une action pour exercer le droit que l'art 1121 lui attribue formellement.

Ce même article tranchant une ancienne con-troverse, rapportée par Pothier, (n° 73, *Traité des oblig..*), décide, contrairement à l'ordonnance de 1747 sur les substitutions (part. 1ʳᵉ art. 11 et 12), que le donateur peut révoquer seul sa libéralité sans l'intervention du tiers gratifié, tant que celui-ci n'a pas accepté ; mais si nous supposons que le donateur décède avant l'acceptation de la libéralité par le tiers, la révocation aura-t-elle lieu *ipso jure,* par le fait seul du décès, ou bien le tiers dona-taire pourra-t-il encore accepter la libéralité.

Saintespès Lescot n° III (t. 615), soutient que la donation est révoquée par le fait seul du décès du donateur avant l'acceptation du tiers gratifié ; car, dit-il, si la loi exempte ici la libéralité des solemnités de forme, elle la laisse soumise à la règle fondamentale de toute donation, qui veut le concours des volontés du donateur et du donataire par l'acceptation de ce dernier ; or ce concours ne peut plus avoir lieu, dès lors que le donateur est décédé avant l'acceptation. Cette décision serait juste, si, la libéralité dont-il s'agit faisait l'objet principal du contrat ; mais nous avons vu qu'elle n'en est qu'une modalité, qui, dès lors, participera à la validité du contrat principal, pourvu que le concours des volontés ait existé pour la formation de ce dernier.

Selon Duranton, la révocation n'a pas lieu par le fait du décès du donateur, mais ses héritiers étant aux droits de leur auteur, auront, comme lui, le pouvoir de révoquer la donation jusqu'à l'acceptation (t. X, n° 248). Mais si nous consultons l'ancienne jurisprudence sur ce point, nous voyons qu'elle a toujours considéré ce droit de révocation comme un droit personnel au stipulant donateur, et par conséquent un droit qui s'éteint avec lui. Aussi faut-il adopter, selon moi, une troisième opinion, d'après laquelle la libéralité indirecte résultant de l'art. 1121, ne pourrait plus être révoquée après la mort du donateur ; mais le tiers gratifié, ou même ses héritiers, dans le cas où il viendrait à mourir avant d'avoir accepté pourraient faire une acceptation valable; à moins dans ce dernier cas, que l'avantage n'eût été stipulé au profit de leur auteur personnellement (art. 1122, C. N.)

III. J'ai dit dans mon introduction, que le législateur, conformément à l'ancienne doctrine, avait compris sous la dénomination générale d'avantages indirects, les libéralités soit simplement indirectes soit indirectes et déguisées; mais cette manière de voir est loin d'être partagée par tout le monde, un regrettable agrégé de cette Faculté, M. Vernet, prétend notamment que le Code a abandonné là dessus l'ancienne jurisprudence, et distingué soigneusement les premières des secondes, en attachant des conséquences diverses à chacune de ces deux catégories L'avantage indirect dans le sens du Code, c'est à mon avis, celui seulement qui est contenu accessoirement dans un contrat à titre onéreux, et il convient que celui-là n'est pas soumis aux formes solennelles des art. 931 et suivants, C. N. La validité de ces actes mixtes en l'absence de toute solennité de forme est d'ailleurs admise par tous les auteurs, bien qu'ils ne l'expliquent pas de la même manière.

M. Demolombe (*Traité des donat. et tes.*, tome III, n° 97), en donne deux raisons qu'il trouve péremptoires : « d'une part, dit-il, les formes à observer pour la validité d'un contrat doivent être déterminées par la nature propre, et par l'objet principal du contrat, que les parties ont entendu faire; or, les parties ont entendu faire, et elles ont fait, effectivement, un contrat de vente; donc les formes du contrat de vente qu'elles ont employées, suffisent à la validité de leur convention. D'autre part, si le contrat de vente qu'elles ont fait, est valable, il doit l'être nécessairement tout entier, tel qu'elles l'ont fait, avec les clauses et les conditions qui en sont les éléments constitutifs; or la détermination du prix est certes l'un des éléments le plus essentiellement constitutifs de la vente; donc, le contrat est valable dans cet élément comme dans tous les autres. »

Cette doctrine, qui valide ici la donation faite dans un acte mixte, par ce motif qu'elle est l'accessoire d'un acte auquel suffit la forme privée, me semble incontestable lorsqu'en fait, l'intention principale des parties a été de faire une vente; mais si nous supposons que je vous ai vendu 45, ce qui valait 100, j'ai fait un contrat mixte; mais il me semble difficile de soutenir qu'ici mon intention principale a été de faire une vente, c'est l contraire qui devrait être décidé; et dans le système de M. Demolombe, par application du principe *accessorium sequitur principale*, on devrait exiger que l'acte fût passé en forme authentique, toutes les fois qu'en fait l'idée de libéralité serait prédominante : je ne parle pas, bien entendu, du cas où le prix ne serait pas sérieux.

Le passage de Pothier sur lequel s'appuie M. Demolombe ne me paraît pas contredire ce que je viens de dire ; en effet, Pothier y dit bien (vente, n° 24), en s'appuyant sur la loi 38, Dig., *De contrahenda emptione*, que cette nature mixte n'empêche pas que ce soit un contrat de vente, mais il ajoute immédiatement : « On peut néanmoins dire que le contrat, en ce cas, n'est pas purement et entièrement un contrat de vente, mais un contrat d'une nature mixte, qui tient quelque chose de la donation, et qui, néanmoins, eu égard à ce qui a été la principale intention des parties contractantes, est un contrat de vente plutôt qu'une donation. » Il me semble, en un mot, que le système dont je parle devrait, pour être logique, faire de la question de validité de ces sortes d'avantages, une question d'appréciation par le juge, qui vérifierait, pour chaque cas, si en fait le caractère onéreux l'emporte dans l'acte mixte, ou si c'est le caractère gratuit ; on voit quelle source de difficultés on se crée en s'opiniâtrant à repousser la théorie de la validité des dons indirects, en général, bien qu'ils ne soient pas revêtus de la forme authentique.

IV. J'arrive à une des questions les plus controversées de mon sujet : celle de savoir si les donations déguisées sous la forme d'un contrat onéreux sont valables, lorsqu'elles interviennent entre personnes respectivement capables de disposer et de recevoir, mais sans aucune solennité de forme, ou si l'on doit, au contraire, décider qu'elles sont nulles. *Ob defectum formæ.*

Le dissentiment sur cette question a commencé entre la Chambre des requêtes et la Chambre civile de la Cour de cassation, la première annulant et la seconde admettant, au contraire, ces sortes d'actes comme valables, et aujourd'hui que l'accord s'est fait depuis longtemps entre les deux Chambres de la Cour suprême et les Cours impériales, sur le terrain de la validité de ces donations, la controverse dure encore entre la jurisprudence et une partie notable de la doctrine.

Essayons d'abord de poser nettement la question : il ne s'agit plus, comme tout à l'heure, d'un acte mélangé de libéralité et de contrat à titre onéreux, mais bien d'un acte qui, se présentant sous l'apparence d'un contrat onéreux, n'est au fond

qu'une libéralité pure et simple : *aliud agitur,
aliud simul:tur*. Dans la pratique, les cas les
plus fréquents sont ceux de vente, avec quittance d'un prix qui n'a pas été payé. Mais cette
hypothèse n'est pas l'unique : ainsi voulant vous
faire don d'une certa'ne somme, je puis souscrire
en votre faveur, soit un billet à ordre, soit une
lettre de change de pareille somme, avec indica-
tion d'une cause qui n'existe réellement pas, ou
bien je puis endosser à votre profit un effet de
commerce, souscrit à mon ordre par un tiers.

Dans toutes ces hypothèses, et autres semblables. la donation sera nulle selon une première
opinion, *ob defectum formæ*, c'est-à-dire indépendamment de toute autre cause de nullité.
D'après la seconde opinion, l'absence de forme
solennelle ne suffit pas pour invalider ces sortes
de libéralités qui doivent être traitées comme les
autres avantages indirects.

Premier système. — Ce premier système, qui
annule *ob defectum formæ* les donations déguis-
sées sous la forme d'un contrat à titre onéreux,
compte des autorités considérables dans la doctrine, notamment MM. Demolombe *Traité des donat*. t. III. n° 101 et suiv.; Mourlon, *répét. écrites*,
t. II, N° 68, Vernet *Revue prat*. t. XV, p.
193 et suiv.; Lafontaine, Conseiller à Orléans,

Revue de légis. 1857, p.58; Demante, *cours analyt.* t. IV, n° 474. Les principaux arguments présentés par ces auteurs peuvent se diviser en trois catégories.

1° Les précédents, dit-on, peuvent être invoqués en faveur de ce système; les lois 36 et 38, Dig. *de contrah. empt.* et la loi 3, au Code *eod. tit.*), reconnaissent qu'en cas de déguisement d'une donation pure et simple sous la forme d'un contrat onéreux, il y a, non pas vente : *venditionis deficit substantia*, mais donation ; et si l'acte est alors valable en cette dernière qualité, cela tient uniquement à ce qu'en droit romain, la donation n'était soumise à aucune solennité de forme (Instit. liv. 11, tit. VIII, par. 2.); mais ajoute-t-on lorsque l'ordonnance de 1731 (art. 1 et 2) pour mettre fin à l'incertitude qui régnait en cette matière dans la jurisprudence, eût exigé à peine de nullité que tout acte de donation fût fait en forme authentique; nos anciens auteurs, en admettant avec les jurisconsultes romains, que la prétendue vente n'en était pas une, faute de prix, durent en tirer la conséquence toute nouvelle que l'acte était nul aussi comme donation faite sous la forme solennelle exigée par l'art. 1ᵉʳ de l'ordonnance.

C'est justement, nous dit M. Demolombe, la conséquence qu'en tire Pothier en ces termes : « Un tel contrat n'est donc pas une vente, mais une donation faussement qualifiée de vente; laquelle doit être sujette à toutes les formalités des donations (Traité du contrat de vente n° 19). Telle serait aussi la doctrine des principaux commentateurs de l'ordonnance sur l'art. 1er, tels que Salles, Serres, Boutarie, Damours; sans qu'on puisse rien induire de certain contre cette doctrine, du paragraphe où Furgole enseigne, que l'art. 1er ne s'applique pas aux donations tacites; cet auteur ne s'étant pas expliqué sur ce qu'il entendait par donation-tacite,

2° Les art. 863 et 931, C. N. ne permettent pas de reconnaître ces sortes d'actes comme valables; en effet, le premier ne reconnaît limitativement que deux modes de disposer, la donation et le testament; et le second exige, comme l'ordonnance de 1731, à peine de nullité, la forme authentique pour tout acte portant donation entre vifs. En vain prétendrait-on que la simulation par elle-même n'est pas une cause de nullité quand elle ne renferme aucune fraude à la loi; ici le fait même du déguisement est une fraude, puisqu'il viole l'art. 931; d'autre part nous avons vu que l'acte ne peut valoir comme vente, faute de prix; il est donc nul, de quelque manière qu'on l'envisage.

La doctrine contraire, dit-on, n'est basée que sur des inductions ou des arguments *a contrario*

tirés des art. 847, 849, 853, 911, 918, 1099),
qui trouvent leur application naturelle dans la
validité des avantages indirects mélangés à des
contrats onéreux.

3° Enfin comme considérations morales, on
fait remarquer que la loi, ayant établi pour les
donations des formes solennelles, par des motifs
divers et complexes, mais qui tendent tous à faire
respecter les règles de fond régissant ces sortes
d'actes ; il serait singulier qu'elle eût permis
d'y échapper si facilement à l'aide de la simulation. Ce serait, dit M. Duvergier (continuat. de
Toull. t. 16 n° 42) accorder à la simulation des
avantages que l'on eût refusés à la franchise ; » et
même, selon M. Vernet : « donner une prime à
la mauvaise foi ; la loi fournissant elle-même le
moyen d'éluder les règles qu'elle établit sur la
forme des donations entre-vifs. » (*Rev. prat.*
t. XV. p. 205).

2ᵉ *Système.* — Ce second système consacré, depuis un demi siècle par une jurisprudence à peu
près constante, admet la validité des libéralités à
indirectes déguisées sous la forme d'un contrat
titre onéreux, lorsque le déguisement n'a pas pour
objet d'éluder les dispositions prohibitives d'une
loi, ou de préjudicier à des tiers. Malgré les raisons, assurément très graves, sur lesquelles s'appuie le premier système, et les auteurs considéra-

bles qui le défendent avec une si énergique persévérance ; le second me paraît préférable. Je commencerai par avouer franchement que les textes invoqués par les deux systèmes me semblent incapables de faire naître dans un sens ou dans l'autre, une conviction entière, et dans le doute il me paraîtra logique tout à l'heure, de demander une solution à l'esprit général du Code en matière de contrats.

. Dans ses premiers arrêts, la Cour de cassation s'appuyait sur des textes nombreux du droit romain, qui en cette circonstance, comme en beaucoup d'autres, semble être un arsenal propre à fournir des armes anx deux camps opposés ; mais les textes cités (notamment loi 36, Dig. *de contrah. empt.* loi 5 et 9, Code *eod titul.* loi 4. Dig. *locati conducti*, et loi 6, Dig, *pro donat..*) doivent être écartés comme des éléments inutiles dans la question ; ils prouvent simplement qu'en droit romain ces actes étaient reconnus valables en tant que libéralités ; mais comme les donations n'étaient soumises alors à aucune solemnité de forme, cela démontre seulement que la simulation n'était point par elle-même une cause de nullité, ce que personne ne conteste aujourd'hui.

La difficulté qui nous occupe ne commence à se présenter qu'avec l'ordonnance de 1731; et Furgole, son principal commentateur, nous dit formellement que l'article premier : « n'entend parler que des donations expresses qui sont pratiquées le plus communément, et dont on avait accoutumé de dresser des actes pour la preuve de la donation »…. « sans abroger les donations tacites ou conjecturales. » Et il ajoute : « On peut appliquer ici la règle *expressa nocent, non expressa non nocent.* » Il me semble difficile, quoi qu'en dise M. Demolombe, de dire plus nettement que les formalités de l'art. 1er s'appliquaient seulement aux actes contenant ostensiblement une libéralité, et laissait de côté les actes qui ne paraissaient point renfermer une donation.

Cette interprétation, qui semble contredite, je l'avoue, par d'autres commentateurs de l'ordonnance, n'est cependant pas isolée, elle est conforme avec la doctrine du président Favre qui, dans la troisième définition sur la rubrique du Code : « Plus valere quod agitur, quam quod simulate concipitur, » établit comme maxime contraire que : « Contractus simulatus valet, secundum id quod actum est, si eo modo valere possit ; » et avec celle de Dumoulin qui professe également que : « Non præsumitur fraus nec simulatio in eo quod alia via obtineri potest (tit. 1, pag. 43, nomb. 29).

La validité de ces donations me semble également reconnue par la législation de l'époque intermédiaire ; en effet, l'art. 26 de la loi du 17 ni-

vose an II, révoquant par une disposition expresse, en vertu d'une présomption de déguisement, toutes les donations à charge de rente
viagère, et les ventes à fonds perdu faites depuis
le 14 juillet 1789, prouve que le législateur de
l'an II tenait ces actes tout aussi licites, sous le
régime de l'ordonnance, que les donations ordinaires revêtues de la forme authentique ; il est
bien évident qu'il n'eût pas pris la peine d'annuler par une disposition expresse des actes qu'il
eût considérés comme nuls. L'art. 7 de la loi du
18 pluviôse an V, abolitif de l'effet rétroactif de
la loi précédente, comprend aussi dans sa disposition les ventes à fonds perdu et les donations à
charge de rente viagère, et prouve ainsi, que les
auteurs de cette loi persistaient à voir dans ces
donations présumées déguisées, une espèce de donations tacites parfaitement valables.

Les conséquences que je signale ont été déduites
par un assez grand nombre de décisions judi-
ciaires, et notamment dans les considérants re-
marquables d'un arrêt de cassation du 6 pluviôse
an II (aff. Gouillier).

Enfin, les textes du Code Napoléon sur cette
matière ne nous obligent nullement, selon moi, à
déserter sur ce point l'ancienne tradition. Si l'article 893 nous donne la donation entre vifs et le
testament comme les deux seuls modes de disposer

à titre gratuit, on sait qu'il a eu pour but principal d'écarter l'ancienne donation à cause de
mort. D'autre part, les art. 931 et.suiv. semblent
bien exiger d'une manière absolue la forme notariée pour la confection et l'acceptation de toute
donation entre vifs; mais cette disposition empêche t-elle nos adversaires de reconnaître plusieurs
catégories de donations dispensées de toute solennité de forme, tant pour la confection que pour
l'acceptation ? Laissant de côté les dons manuels
qui ont une si grande importance aujourd'hui, je
citerai les renonciations *in favorem*.

Quels motifs donnent-ils pour valider ces sortes
d'actes, malgré les prescriptions absolues des articles 931, 932 et suivants? pour les dons manuels
outre l'argument tiré des précédents, on peut dire
qu'ils se font sans acte, tandis que nos articles sup-
posent un acte portant donation; et puis, le Code
lui-même en suppose l'existence sans aucune solennité de forme dans les art. 852 et 868.

Mais, quant à la justification de la validité des
renonciations *in favorem*, elle est bien autrement
embarrassante pour nos adversaires ; ces sortes de
libéralités étaient certainement reconnues valables
sous l'ordonnance, quoique faites sans solennité,
ainsi que l'atteste Furgole, sur l'art. Ier; mais en
est-il de même aujourd'hui sous l'art. 931? Oui,
nous dit M. Demolombe (*Donations*, t. III, n° 82),

et il faut voir comment l'illustre auteur s'ingénie
pour en donner des motifs : « Ces sortes de renonciations, dit-il d'abord, dans la plupart des
cas, peuvent être considérées comme simplement
extinctives de la part de celui qui renonce, puisque
l'effet translatif qui en résulte a en même temps
une autre cause, à savoir : un droit antérieur dé-
rivant de la loi, ou d'une convention, ou d'un
testament, en vertu desquels le bénéficiaire s'en
trouve saisi. » Ces considérations ne peuvent certainement suffire à justifier l'exception dont il
s'agit, puisque M. Demolombe lui-même ne les
présente pas comme applicables dans tous les
cas; mais le fussent-elles, il ne me semble pas
exact de dire qu'une renonciation faite *animo donandi*, sera exempte de toute solennité, parce que,
indépendamment de la renonciation, le donataire
avait une vocation personnelle ; n'est-il pas évident que cette vocation étant primée par celle du
renonçant, n'a été rendue efficace que par le fait
de sa renonciation, qui constitue précisément la libéralité ; ainsi, d'ailleurs que M. Demolombe lui-
même l'établit très bien dans son tome 4 du *Traité
des successions* (chap. VII, n° 333), où il me paraît plaider une meilleure cause.

M. Demolombe ajoute que ces renonciations « ne
se font point par un acte portant donation, et qu'elles
s'accomplissent de manière à ce que le bénéficiaire

n'ait aucune action à former en justice pour obtenir l'objet de la donation. » Cela ne me paraît pas plus exact ; en effet, si je renonce à un legs à moi fait conjointement avec un autre, et que ma renonciation soit faite, *animo donandi*, pour faire arriver à mon colégataire ma part du legs, en vertu du droit d'accroissement par exemple, (article 1043, 1044 C. Nap.), mon acte de renonciation, n'est-il pas un véritable acte de donation, en vertu duquel mon colégataire pourra revendiquer l'objet dont il le fait bénéficier?

Cette argumentation est moins soutenable encore lorsque la renonciation n'est plus seulement unilatérale, mais a lieu en vertu d'une convention au profit de certaines personnes déterminées (article 780 2°); aussi M. Demolombe, comme je l'ai constaté plus haut, paraît ne savoir trop quel parti prendre sur ce dernier point ; et cet embarras du célèbre doyen de la Faculté de Caen est bien fait pour me confirmer dans l'opinion que le véritable motif de l'exemption de forme dont jouissent ces sortes de libéralités, tient uniquement à ce qu'elles rentrent dans la classe générale des avantages indirects ou donations non expresses, dont parlait Furgole. J'ai tâché de montrer que l'ancien droit et le droit intermédiaire admettaient la validité des avantages indirects, *in genere*, sans aucune solennité de forme ; et que malgré les termes absolus des art. 931 et suivants, nos adversaires admettent encore aujourd'hui la validité de certaines catégories d'entr'eux ; j'ajoute que le Code Napoléon lui-même suppose la validité de ces libéralités, notamment dans les art. 911, 853 et 918 C. N.

L'art. 911 nous dit : « que toute disposition au profit d'un incapable sera nulle, soit qu'on la déguise sous la forme d'un contrat onéreux, soi^t qu'on la fasse sous le nom de personnes interposées. » De là, ce raisonnement bien simple ; si une semblable disposition est toujours nulle *ob defectum formæ*, même lorsqu'elle est faite, au profit d'une personne capable, comment s'expliquer l'art. 911, qui croit devoir l'annuler par une disposition spéciale, lorsqu'elle est faite à un incapable, c'est-à-dire dans un cas où il est bien évident qu'elle serait nulle par *a fortiori?* Dans le système de nos adversaires, cet article serait plus qu'inutile, il serait ridicule ; pour moi, appliquant à ce texte de loi, la règle donnée par le législateur lui-même dans l'art. 1157 C. Nap., sur l'interprétation des conventions entre parties, j'y retrouve la reconnaissance implicite de ces sortes de donations lorsqu'elles sont faites à quelqu'un capable de recevoir. Je trouve, d'ailleurs, une confirmation de ma manière d'interpréter l'article 911, dans l'exposé des motifs du titre des donations entrevifs et des testaments par Bigot de

Préamencu, qui explique en ces termes le texte dont il s'agit : « ce serait en vain, dit-il, que la loi aurait déclaré les personnes qui viennent d'être désignées, incapables de recevoir, si on pouvait déguiser la donation entrevifs sous le titre de contrat onéreux, ou si on pouvait disposer sous le nom de personnes interposées. C'est à la prudence des juges, lorsque le voile qui cache la fraude est soulevé, à ne se déterminer que sur des preuves, ou au moins sur des présomptions assez fortes, pour que les actes dont la fraude s'est enveloppée ne méritent plus aucune confiance. Si c'est un acte déguisé sous un titre onéreux, il doit être annulé, lorsqu'il est prouvé que celui qui l'a passé, n'a pas voulu faire un contrat onéreux qui lui était permis, mais que son intention était d'éluder la loi, en disposant au profit d'une personne incapable. »

L'art. 853 C. Nap., dispense du rapport « les profits que l'héritier a pu retirer de conventions passées avec le défunt.

Si ces conventions ne présentaient aucun avantage indirect, lorsqu'elles ont été faites. » N'est-ce pas dire assez clairement, que, si les conventions dont il s'agit présentent un avantage indirect, au moment où elles sont faites, elles sont non pas nulles, mais simplement rapportables à la succession du donateur? Et, pour échapper à cette conséquence irrésistible, nos adversaires sont obligés, comme le fait **M.** Vernet, de se retrancher arbitrairement derrière une distinction permanente entre les donations directes et les donations déguisées (*Rev. prat.* t. XV, page 210); distinction contraire aux précédents, et dont on ne peut attribuer l'invention au Code Napoléon, d'après le seul art. 1099, ainsi que j'essaierai de le démontrer en parlant des donations entre époux.

Enfin l'art 918 va plus loin; les deux dispositions que nous venons de voir ne reconnaissent les donations déguisées que d'une manière implicite; l'art. 918 les tient pour constantes, et s'occupe simplement de réglementer certaines d'entr'elles d'une manière toute particulière. Nous avons vu que la loi de l'an 11 annulait même rétroactivement les aliénations, soit à charge de rentes viagères, soit à fonds perdu, faites au profit d'un successible en ligne directe, l'art. 918 les déclare seulement imputables sur la quotité disponible, en déclarant que le surplus sera réductible. On nous oppose, il est vrai, que l'art. 918 édicte une règle exceptionnelle, une présomption légale qu'on ne peut étendre (art. 1350); aussi ne prétends-je pas l'étendre, mais en le rapprochant des articles 911 et 853; il m'est bien permis d'y voir l'application d'un principe que ces deux dispositions ont reconnu d'une manière implicite. Les articles 847,

848,849 et 1099, qui, tous prévoient des cas de libéralités indirectes valables, viennent corroborer encore, quoique d'une manière plus éloignée, l'opinion que je soutiens.

J'ajouterai comme considération pratique, ce que la Cour de cassation a répété bien souvent dans ses arrêts sur la matière, que l'opinion contraire, si elle était adoptée, serait la source d'une foule de procès non justifiés par la lésion d'intérêts légitimes, puisque nous n'admettons la validité de ces donations, qu'autant qu'elles ne violent aucune prohibition légale sur la capacité personnelle ou la disponibilité réelle. Quant à l'objection qui consiste à dire qu'en permettant d'éluder si facilement les règles de forme des donations, on amènera la violation des règles de fonds édictées dans l'intérêt soit du donateur, soit de sa famille, soit enfin de la société : j'avoue qu'elle me touche peu, et que la solennité de forme des donations a bien moins d'importance à mes yeux, qu'elle n'en a pour mes adversaires. Cette règle avait sa raison d'être dans l'ancien droit, à l'effet de maintenir, par une stricte observation de la règle *donner et retenir ne vaut*, une ligne de démarcation bien tranchée entre la donation entre vifs et les dispositions à cause de mort; et cela, dans l'intérêt de la conservation des biens dans les familles, la disponibilité des propres étant tout autre dans les premières

que dans les secondes; mais aujourd'hui que cet intérêt a complétement disparu, la règle de l'art. 931
me paraît être une véritable anomalie dans notre
législation. Dans la confection d'une œuvre de
transaction comme le Code Napoléon, on a dû su-
bir des influences diverses qui se réflètent par une
certaine incohérence dans quelques parties de sa
rédaction; c'est justement ce qui est arrivé ici, en
exigeant pour la confection et l'acceptation des
donations, les formes rigoureuses de l'ordonnance
de 1731, le législateur a payé sans bien s'en rendre
compte, son tribut à la tradition; mais dans les
articles 853 et 911, tout en adoptant un tempérament traditionnel aussi, il est rentré bien mieux
dans l'esprit de la nouvelle législation, qui tend
toujours à rompre avec le formalisme du droit
romain primitif, pour attribuer l'autorité la plus
large à l'intention exprimée par les parties. Quant
à moi, je suis heureux, je l'avoue, de pouvoir,
grâce à cette dualité de rédaction, échapper dans
une large mesure à l'anomalie des art. 931 et
932, et je m'étonne du culte singulier dont semblent l'entourer les partisans de l'autre système

M. Demolombe lui-même, paraît bien reconnaître la vérité des dernières observations que je
viens de faire, lorsqu'après avoir exposé avec sa
vigueur ordinaire le système de la nullité des donations déguisées, il ajoute sous forme de regret,

les paroles suivantes : « Néanmoins la théorie
contraire a triomphé, et rien ne prouve mieux, à
notre avis, que ce triomphe si sérieusement con-
testable, à quel point la solemnité des contrats
est peu conforme à nos mœurs, et à nos habitudes
modernes. »

Je n'entreprendrai pas de citer tous les arrêts
de la Cour de cassation qui consacrent cette dernière opinion ; ils sont extrêmement nombreux)
«c'est bien là, dit à ce propos M. Dalloz, cette
series rerum perpetuo similiter judicatarum, dont
parle la loi romaine, quand elle définit les caractères de la jurisprudence (Répert. donat.
n° 1667 *fine*,) ; je me propose seulement d'examiner rapidement les principales conséquences
tirées par cette jurisprduence du principe de la
validité des donations déguisées.

Il est certain d'abord que si ces donations,
lorsqu'elles sont faites sans fraude, sont exemptes
des formes de l'art. 931, elle le sont aussi de celles
des art. 932 et suiv. sur l'acceptation en forme
authentique ; la seconde de ces formalités n'étant,
pour ainsi dire, que le corrollaire de la première,
doit disparaître avec elle dans les mêmes circonstances (Voir Amiens, 16 nov. 1852 aff. Thélu,
Rouen, 27 février; même année aff. Boutigny.)
mais au moins faut-il que l'acceptation du donataire
ait eu lieu d'une manière quelconque du vivant du

donateur, afin que le concours de volonté nécessaire pour la perfection de la donation ait pu se
produire, et je ne puis approuver un arrêt de la
Cour de Rennes du 2 août 1838, (aff. Gringoire),
qui a décidé qu'une donation déguisée avait pu
être valablement acceptée, même après le décès de
la donatrice, pourvu que celle-ci ne l'eût pas révoquée.

Je pense aussi avec M. Demolombe, (même
tome, n° 103) que lorsqu'une pareille donation a
pour objet des biens susceptibles d'hypothèques ;
elle est soumise à la nécessité de la transcription,
seulement depuis la loi du 23 mars 1855 (art. 1"),
et non en vertu de l'art. 939 C. N. M. Troplong
s'étonnait qu'on pût soutenir le contraire, car,
disait-il, ces donations « répugnent par leur constitution même à la nécessité de la transcription. »
(Trop. Donat. t. III n° 1172).

Si la donation déguisée a pour objet des meubles,
elle n'aura pas besoin non plus d'être accompagnée
de l'état estimatif dont parle l'art. 948 C. N., qui
suppose aussi une donation faite par acte notarié
(Cass., 30 juin 1857 aff. Rémond).

Nous verrons dans la seconde partie de cette
étude, que si ces sortes de libéralités sont dispensées des règles de forme, elles restent soumises aux
règles de fond ; mais sous cette réserve, et celle de
n'être point faite en fraude de la loi ou des droits

des tiers, la donation déguisée peut emprunter valablement la forme d'un acte onéreux quelconque. Ainsi la jurisprudence admet qu'une reconnaissance sous forme d'obligation privée, et dont la cause est reconnue par les parties, n'être pas sincère, peut être déclarée valable comme donation déguisée, si telle paraît avoir été l'intention des parties, lors de la formation du contrat ; et cela malgré l'art. 1131 C. N.. qui annule toute obligation sans cause, ou sur une fausse cause ; l'intention libérale étant une cause suffisante de donation. (Orléans, 7 août 1835, aff. Caron, Cass. req. 23 avril 1833 ; aff. Girard.)

Mais si le donateur, profitant de la latitude qui lui est laissée par la loi, emprunte la forme d'un contrat onéreux, il me semble logique d'exiger de lui qu'il n'omette aucun des caractères constitutifs du contrat par lui choisi. (Cass., req., 1er février 1842, aff. Fombelle).

Ainsi, dans le cas où la donation se produira sous la forme d'un contrat bilatéral, je la soumettrai à l'art. 1325 ; si elle emprunte l'apparence d'une reconnaissance sous-seing privé, l'art. 1326 lui sera applicable.

Une application remarquable de notre théorie des donations déguisées est celle qui se réfère à la transmission des meubles incorporels ou créances diverses. Ainsi, le don d'une créance pourra s'effectuer au moyen d'une cession fictive ; un effet commercial pourra se transmettre à ce titre par la tradition, s'il est au porteur, (car dans ce cas on l'assimile à un meuble corporel), et, par l'endossement, s'il s'agit d'un billet à ordre ou d'une lettre de change. On a même jugé que la transmission de ces effets de commerce, à titre de donation, pouvait se faire par un endossement irrégulier, avec ordre en blanc, ou causé valeur en don. (Cass., 3 août 1841, aff. Verdat). Mais cette dernière décision va directement contre la règle posée par la Cour de cassation elle-même, dans l'affaire Fombelle, qui exige que l'acte sous lequel s'enveloppe la donation déguisée réunisse les diverses conditions de régularité prescrites par la loi particulière qui le régit ; car, d'après la loi commerciale, l'endossement irrégulier ne vaut que comme procuration, sans pouvoir transmettre la propriété (art. 138, C. comm.).

Par application toujours de notre principe, la transmission à titre de donation d'un titre de rente sur l'Etat peut se faire par simple transfert ; c'est-à-dire par la substitution sur le grand livre de la dette publique du nom du donataire, au lieu et place de celui du donateur. « L'acceptation résulte ici, dit M. Troplong, implicitement, nécessairement, du contrat adopté ; elle n'est pas assujétie à des justifications particulières, le transfert

étant la forme choisie, doit être pris dans les conditions ordinaires de son existence..... l'agent de
change a été le mandataire légal du nouveau créancier dans la forme particulière à ce genre d'acte. »
(Tropl., *Donat.*, t. III, n° 1060.) (Voir Cass.,
24 juill. 1844, préfet de la Seine c. Durand et
autres. Loi du 24 août 1793, art. 6, loi du 28 flo-
réal an VII, art. 2 et 3, arrêté du 27 prairial an X,
art. 13 et 19). De même, en vertu de l'art. 36,
C. comm., que la loi du 24 juillet 1867 sur les
sociétés n'a point abrogé ; la propriété des actions
dans une société anonyme pourrait se transmettre
par une simple déclaration de transfert, inscrite
sur les registres, et signée de celui qui consent le
transport, ou d'un fondé de pouvoir.

DEUXIÈME PARTIE.

DONATIONS INDIRECTES AU POINT DE VUE DES RÈGLES DE FOND.

L'avantage indirect est une libéralité ; bien que dispensé en vertu de certains textes, des formes ordinaires des donations, il n'en reste pas moins soumis incontestablement à toutes les règles de fond édictées pour les donations directes.

Ainsi nous avons vu que l'acceptation devait être faite par le donataire, même dans la donation déguisée, avant la mort du donateur, afin que le concours de volontés, nécessaire à la formation du contrat pût se produire. Ainsi encore, le donateur devra se dépouiller de l'objet donné, actuellement et irrévocablement (art. 894) ; et d'une manière complète, en vertu de la règle : donner et retenir ne vaut. (Art. 943, 944, 945.) (1). Une telle donation sera révocable pour cause d'inexécution des charges, d'ingratitude ou de survenance d'enfants (art. 953 et suiv.) ; et réductible,

____

(1) La Cour de cassation a décidé dans un arrêt Chevalier du 20. novembre 1826, que dans le cas de donations indirectes de biens présents et à venir, la libéralité n'est valable que pour les biens présents.

si elle excède la quotité disponible des art. 913 et
915 C. N.; l'art. 918 édicte même contre certains
contrats onéreux en apparence, une véritable présomption de libéralité indirecte, pour les soumettre à la réduction.

Enfin, ces libéralités sont sujettes à la règle du
rapport (art. 843), et annulables, si elles sont
faites en violation des règles sur la capacité de
donner et de recevoir (art. 911).

Toutes ces propositions sont admises sans con-
troverse, à l'exception des deux dernières, rela-
tives à l'application des règles du rapport et de
l'incapacité aux donations indirectes, qui sou-
lèvent des difficultés assez graves dont nous allons
nous occuper dans cette seconde partie.

I. — *Avantages indirects au point de vue du rapport.*

Les avantages indirects peuvent se diviser en
deux catégories, savoir : une première catégorie
d'avantages qui se produisent sans que le gratifié
ait été partie à l'acte, et une seconde où le donataire a figuré à l'acte, soit ouvertement, soit sous
le nom d'un autre.

J'examinerai dans deux sections successives ces
deux classes d'avantages indirects, puis dans une
troisième j'exposerai la question si controversée

de savoir si les donations déguisées sont virtuellement dispensées du rapport.

PREMIÈRE SECTION.

On peut supposer d'abord que l'avantage indirect résulte d'une convention entre le donateur et
un tiers, sans que le donataire y ait figuré, comme
dans l'art. 1121. Dans ce cas, le rapport sera certainement dû par le donataire successible venant
à la succession du donateur. En vain, dirait-on
que la donation n'a pas été détachée des biens de
ce dernier ; en matière de rapport, on examine
seulement si en fait, le *de cujus* a gratifié son successible aux dépens de son patrimoine ; et il est
certain qu'ici, la charge imposée au tiers aura in-
flué dans un sens désavantageux au patrimoine
du donateur, sur l'importance de la donation faite
à ce tiers, ou sur les clauses de la convention onéreuse conclue avec lui. Un autre exemple de donation indirecte en faveur d'une personne qui n'a
pas été partie à l'acte, c'est celui d'une donation
faite à personne interposée ; mais comme l'interposition de personne est un mode de déguisement, nous verrons tout à l'heure si elle contient
une dispense virtuelle de rapport. L'art. 854,
C. N, prévoit deux autres cas qu'il soumet formellement à l'obligation du rapport, savoir : celui

où le *de cujus* a procuré un établissement à son successible et celui où il a payé ses dettes.

Il est certain que l'établissement donné à l'héritier présomptif peut résulter d'une constitution de dot faite par contrat de mariage (art. 1081 et suiv., C. N.), auquel cas l'avantage sera certainement soumis au rapport comme donation directe; car il serait déraisonnable de tirer de l'art 1090, qui ne parle que de réduction, une induction de dispense de rapport pour ces sortes de donations. Mais je crois que le texte de l'art. 851, en insistant là-dessus, a visé surtout les libéralités indirectes qui peuvent résulter de l'acquisition d'un office ou de tout autre établissement industriel ou commercial au nom du successible, soit que cet établissement ait été payé des deniers du *de cujus*, soit qu'il arrive à l'héritier par suite d'une renonciation ou d'une démission de son auteur.

A propos de renonciation, on discutait beaucoup dans l'ancien droit, le point de savoir si l'avantage résultant en général d'une renonciation faite par le *de cujus* en faveur de son héritier présomptif était ou non soumis au rapport. La question se posait surtout dans l'hypothèse d'une renonciation à une succession, à un legs ou à une communauté. Ainsi, un père cohéritier ou collégataire, avec l'un de ses enfants, renonce à la succession ou au legs pour l'en faire profiter seul (article 786-1°, 1043, 1044, 1045), ou bien ce père renonce à une succession pour la faire passer toute entière à un de ses héritiers (art. 786-2°, 898).

Une femme remariée renonce à la communauté évidemment avantageuse de son second mari, pour en faire profiter les enfants du second lit. Dans tous les cas que nous venons de voir, et autres semblables, y a-t-il lieu à rapport? La question était controversée dans l'ancien droit. Pothier, dans son introduction au tit. XVII de la coutume d'Orléans (sect. 6, art. 3, § 1), pose en principe que le rapport n'est jamais dû dans tous ces cas, parce que, conformément à la maxime romaine, que celui qui manque d'acquérir n'aliène rien, le renonçant n'a pas donné du sien (loi 5, § 13, Dig., *De donat. inter vir et ux.*). Plus tard, dans son Traité des successions, il semble revenir en partie sur sa décision, au moins en ce qui concerne la renonciation de la femme à la communauté, il constate que, d'après son principe, l'avantage qui en résulte pour les enfants ne devrait pas être soumis au rapport; mais, ajoute-t-il : « Je trouve beaucoup de difficulté à décider contre le rapport. » Voici ses raisons : « On peut dire pour le rapport que la femme avait un vrai droit en la communauté, qui, par sa renonciation, a passé d'elle à ses enfants; que le mari, en contractant communauté avec sa femme, a contracté l'obligation de lui accorder part dans tous les biens de la communauté, lors de la dissolution ; que ses biens sont passés à ses enfants, *cum ea causa*, avec cette obligation ; qu'il en résultait un droit au profit de la femme contre les enfants ; que la femme, en renonçant à la communauté, leur a fait passer ce droit, par la remise qu'elle leur en a faite, et que c'est, par conséquent, un avantage sujet à rapport ; comme l'est celui qu'un père créancier de son fils, ferait à son fils, en lu remettant ce qu'il lui doit. »

Lebrun reconnaît, contrairement à la doctrine de Pothier, que l'enfant qui reçoit un legs ou recueille une succession par suite de la renonciation de son auteur, est tenu au rapport, par la raison que l'obligation du rapport est basée sur une idée d'égalité entre les héritiers ; égalité qui serait blessée par l'avantage résultant réellement pour l'un d'eux de la renonciation. Puis, par une contradiction singulière, le même auteur dispense du rapport, l'avantage résultant pour les enfants du second lit de la renonciation de leur mère à la communauté. Lebrun argumente surtout de la loi 6 au Dig. *quæ in fraud.*, qui décide que les créanciers, bien qu'autorisés en général, à faire révoquer les aliénations consenties par leur débiteur en fraude de leurs droits, ne peuvent pas atta-

quer sa renonciation, en vertu de la fameuse distinction entre ce que le débiteur aliène, et ce qu'il
manque seulement d'acquérir (Lebr., success.
liv. III, chap. VI. sect, III, n° 11, 12, 23 et 24.
Sous le Code civil, quelques auteurs, parmi lesquels Toullier (t. 4, n° 455), ont prétendu que pas
plus dans un cas que dans l'autre, il n'y avait lieu
à rapport, Toullier fait valoir cette raison déjà
présentée par Lebrun, que l'opinion contraire
pourrait soumettre au rapport des avantages qui
n'ont réellement pas été acquis au successible en
vertu d'une donation ; attendu que fort souvent,
le renonçant se détermine par des motifs étrangers
à toute idée de libéralité.

Il me semble, et c'est aujourd'hui l'opinion commune, que tous ces avantages sont soumis au
rapport ; en effet, le rapport est établi, comme le
disait déjà Lebrun, pour maintenir l'égalité entre
les héritiers, lorsque le *de cujus* n'a pas formellement manifesté une volonté contraire ; et en fait,
par cela seul que je m'abstiens, *animo donandi*,
d'exercer un droit qui m'est échu, ne suis-je pas
censé transmettre ce droit à celui auquel mon
abstention le fait passer ? La distinction romaine
faite à ce propos entre celui qui aliénait, et celui
qui, manquant seulement d'acquérir, ne dimi-
nuait pas, disait-on, son patrimoine, ne saurait
subsister aujourd'hui en face de la règle coutu-

mière : le mort saisit le vif, consacrée par l'article 724, C. N.

La preuve que le renonçant avait un droit acquis, c'est que, d'une part, les art. 781 et 1014 C. Nap. le déclarent investi par la loi ou le testament d'un droit transmissible à ses héritiers, et, d'autre part, les art. 788 et 1464 permettent à ses créanciers de faire annuler à leur profit sa renonciation ; ce qui n'avait pas lieu en droit romain, où la saisine légale n'était pas généralement adoptée loi 6, Dig., *quæ in fraud.*)

Mais, dit-on, le successible ou le collégataire n'avait-il pas une vocation personnelle qu'il tenait de la loi ou du testament, et n'est-ce pas en vertu de cette vocation qu'il recueille l'avantage à lui acquis à l'occasion de la renonciation? Ceci est vrai ; mais on doit convenir aussi que cette vocation, complétement paralysée par celle du renonçant, était comme inexistante, et n'a reçu de l'efficacité que par la renonciation, qui est justement le moyen employé pour procurer l'avantage indirect ; or, en matière de rapport, on se contente d'examiner si, en fait, il y a eu avantage procuré par l'auteur à son héritier aux dépens de son patrimoine. Quant à la question de savoir si la renonciation a été faite dans l'intention de faire une libéralité, elle sera laissée à l'appréciation des tribunaux. Mais si, en fait, le successible a profité de la renonciation, à qui incombera la preuve ? Selon M. Demolombe (*Traité des successions,* chapitre VI, n° 333, 3°), il y aurait, par le fait seul de la renonciation, présomption que le défunt a voulu faire un avantage, et le successible qui en aurait profité devrait, pour être dispensé du rapport, démontrer lui-même clairement que l'intention libérale n'a pas existé. Quant à moi, je ne puis admettre une semblable présomption qui n'est écrite nulle part dans la loi, et je crois que le cohéritier, qui réclamera le rapport, devra, au contraire, prouver l'intention de donner, s'il veut faire accueillir sa prétention ; c'est là une application pure et simple du droit commun en matière de preuve : *actori incumbit probatio.*

La démission donnée par le défunt en faveur de son successible, d'un de ces offices pour lesquels la loi du 28 avril 1816 reconnaît le droit de présentation, constituerait également un avantage indirect sujet à rapport ; et il faudrait admettre cette solution, quand même la démission serait forcée, parce que même alors le droit de présentation du successeur subsiste, il ne se perd que par la destitution. Un arrêt de la Cour de Paris, rendu à propos de la conservation du privilége du vendeur de l'office, en cas de démission forcée, fait très bien ressortir la distinction entre ce cas et celui de destitution ; cet arrêt a été confirmé par la Cour de cassation le 30 août 1854 (aff. Bouillaud).

La question serait plus délicate s'il s'agissait de la démission donnée par un maître de poste en faveur d'un successible ; le brevet de maître de poste n'étant pas compris dans l'art. 91 de la loi de 1816, qui énumère les offices pour lesquels le droit de présentation du successeur est accordé ; cependant, comme en dehors de cette loi plusieurs textes relatifs à ces brevets, et notamment l'art. 3 de l'arrêté du Directoire du 1er prairial an VII, accordent une espèce de droit de présentation, et qu'en fait ce droit est reconnu et appliqué par l'administration, je pense avec M. Demolombe qu'on pourra, suivant les cas, voir dans la démission du maître de poste, en faveur d'un successible, une véritable libéralité qu'il faudra soumettre au rapport (Demol., *Success.*, chap. VI, n° 337).

L'art. 851 *in fine* soumet également à l'obligation du rapport ce qui a été employé pour le paiement des dettes d'un des cohéritiers.

Il faut remarquer que le père condamné à payer des dommages-intérêts à propos d'un fait de son fils mineur, dont il est responsable en vertu de l'art. 1384, acquitte une obligation personnelle et non point la dette du fils, et, comme le dit fort bien Toullier : « non seulement le père ne pourra, dans ce cas, répéter de son fils devenu majeur la somme qu'il a été condamné à payer, parce qu'il y a été condamné pour une faute qui lui est personnelle, mais encore et par la même raison le fils ne sera point obligé de rapporter cette somme à ses cohéritiers, à l'ouverture de la succession du père, parce que ce n'est point la dette personnelle du fils, qui n'était point obligé, que le père commun a acquittée. »

On doit distinguer avec soin, dans les cas où notre article 851 *in fine* est applicable, si le père a donné pour payer la dette de son fils ou s'il a simplement prêté pour la solder, car il y aura lieu, suivant les cas, au rapport des dons ou au rapport des dettes.

La dette payée par le *de cujus* en l'acquit de son héritier pouvait être annulable, ou simplement naturelle; le paiement d'une semblable dette constituera-t-il un avantage sujet au rapport? On distingue ordinairement entre le cas où le successible est majeur, et celui où il est mineur. Pour le majeur on admet en principe que, dans ce cas, il ne doit pas le rapport; s'il en était autrement, on le forcerait indirectement à payer ce que légalement il ne doit pas, à moins toutefois que l'auteur n'ait fait pour lui, en payant, un acte utile de gestion d'affaires (art. 1375); en rapprochant l'art. 843 de l'art. 851 *fine*, on voit qu'en somme le rapport ne sera dû qu'autant que le paiement constituera pour l'héritier un avantage réel, c'est-à-dire emportera pour lui une véritable libération.

Lorsque le successible dont la dette a été acquittée est mineur, la question offre plus de difficultés ; il se forma là-dessus, lors de la discussion de cet article au conseil d'État, jusqu'à trois opinions qui subsistent encore aujourd'hui, et il est à remarquer que chacune d'elles prétend s'appuyer sur les déclarations des orateurs qui prirent part à cette discussion, laquelle présente, comme on peut le penser, une très grande confusion. (Voir Locré, *législ. c v.*, tome X, pages 128-138, numéros 11-212).

Première opinion. — Mourlon, dans ses Répétitions écrites (page 180, note 1re), a soutenu que le mineur devrait toujours rapporter une semblable dette payée en son acquit. L'art. 851, dit-il, est général, et si on le rapproche de l'art. 852, qui parle de frais d'éducation et d'établissement, on voit que les dettes payées, dont parle l'art. 851, sont corrélatives aux hypothèses prévues par l'article suivant. C'est d'après cet auteur, le système qui semble avoir prévalu au conseil d'État ; M. Berlier proposait de ne point faire rapporter par l'enfant les dettes annulables ; mais ce système fut très vivement critiqué par Treillard, Bigot Préameneu et Tronchet. Ce dernier soutint même qu'il était immoral, qu'il invitait le fils à dépenser, et qu'il importait, au contraire, de le maintenir par l'obligation du rapport; la rédaction de l'art. 851, qui ne distingue pas entre les dettes annulables et les dettes valables, semble bien avoir rejeté aussi le système de Berlier.

2e *opinion*. — MM. Ducauroy, Bonnier et Roustaing (tome II, n° 709, 710), soutiennent au contraire que le rapport ne sera jamais dû; le paiement d'une semblable dette, disent-ils, n'obligerait pas le successible majeur au rapport; la loi n'a pas pu vouloir traiter ici le mineur plus sévèrement que le majeur dans une situation identiquement la même. « Lorsqu'un père acquitte une semblable dette, il le fait, disent ces auteurs, *honoris causa*, dans l'intérêt de toute sa famille, et alors la perte doit retomber sur la famille entière. » En obligeant le mineur au rapport, ce serait, comme l'a dit Berlier au conseil d'État; « le ruiner en un jour, et à l'avance dissiper toute sa fortune, uniquement parce qu'il aura plu à son père de payer une dette illégale (Locré, *loco cit.* p. 130); conséquence bien peu en harmonie avec la protection dont la loi entoure en général le mineur.

3e *Opinion*. — Enfin je pense avec M. Demolombe, que le mineur pas plus que le majeur n'est tenu en général de rapporter le paiement de ces sortes de dettes, à moins encore qu'en payant, le père n'ait fait l'affaire utile du mineur, par exemple s'il a arrêté de cette manière une poursuite en police correctionnelle.

Il faut certainement soumettre au rapport la somme payée par les père et mère pour le remplacement de leur enfant au service militaire, qui est une véritable dette de l'enfant envers l'État, (l'impôt du sang comme on la nomme vulgairement); cette décision était vraie sous le régime de la loi du 28 avril 1855 (art. 5 et suiv.) sur la dotation de l'armée, qui assurait l'exonération du jeune soldat au moyen d'une somme à verser dans la caisse de la dotation de l'armée, et fixée chaque année par arrêté du ministre de la guerre; elle ne l'est pas moins sous le système du remplacement libre établi par la loi 21 mars 1832, auquel est revenue la loi récente sur l'armée, du premier février 1868. (*Moniteur* du 4 février, titre 1" art. 2). Selon Toullier, si une somme avait été donnée au remplaçant proposé pour courir la chance du sort, et qu'elle eût été favorable au mineur qu'on voulait faire remplacer, sans qu'il eût concouru au contrat, le rapport de cette somme, demeurée sans emploi utile, ne pourrait être exigé avec justice (Toull. 2° partie, t. 2, n° 483); mais cette restriction ne me paraît pas fondée, et je pense avec M. Duvergier, l'annotateur de Toullier (note au

passage cité) : « qu'il n'est pas exact de dire
que la somme payée en pareil cas par le père de
famille à la personne ou à la compagnie qui a assuré son fils, est demeurée sans emploi utile. L'u-
tilité de semblables dépenses (celles faites dans un
contrat aléatoire,) devant s'apprécier, non d'après
ce qui est arrivé, mais d'après ce qui aurait pu arriver. » (Voir Bourges, 21 février 1825, Riom, 19
août 1829). Mais l'obligation du rapport dispa-
raîtrait, si, en fait, le remplacement avait eu lieu
dans l'intérêt général de la famille. (Voir en ce
sens Riom, 13 février 1844)

Je crois qu'il faut voir aussi un avantage indirect soumis au rapport, dans le cautionnement du
successible par son auteur « avantage qui consiste,
dit M. Demante, dans le crédit procuré ainsi au
successible aux dépens de l'auteur, qui s'expose à
des avances, dont le recouvrement est toujours
plus ou moins incertain. Dem. t. III n° 187 bis,
IV.); or, ajoute avec raison le même auteur,
« on peut très-bien supposer qu'il ne se soumet
à ce danger qu'en comptant sur la part à revenir
dans la succession au débiteur cautionné, pour
couvrir ses autres successibles des suites de son
engagement. » Le cohéritier venant à partage devra donc rapporter à ses cohéritiers leur décharge.
La Cour de Paris a eu à juger une espèce singulière : un père avait cautionné un de ses enfants,

créancier d'un autre de ses enfants, le cautionnement était donné en faveur du créancier plutôt que du débiteur ; c'est lui en conséquence qui a dû rapporter à la succession, la décharge du cautionnement. (Paris, 21 décembre 1843, aff. Belin).

Deuxième section. L'avantage indirect peut résulter d'une convention passée entre le successible et son auteur, comme la remise d'une dette de quelque manière qu'elle ait eu lieu. (art. 1282, 1285). En général, lorsqu'un successible a fait avec son auteur un contrat à titre onéreux dont il est résulté un avantage quelconque, cet avantage sera-t-il toujours présumé être une libéralité et comme tel soumis au rapport? Les art. 853 et 854 répondent qu'en principe il n'y aura pas présomption de libéralité ; mais on examinera en fait, si l'auteur, en faisant la convention, a eu l'intention de gratifier son successible, auquel cas seulement, ce dernier devra rapporter l'avantage indirect.

L'ancien droit français se montrait, en général, beaucoup plus sévère que le Code Napoléon, au sujet des actes à titre onéreux, passés entre le défunt et l'un de ses enfants : la coutume de Montargis (chap. XV, art. 1) permettait d'une manière absolue aux cohéritiers de profiter, au prorata de leur part héréditaire, des bénéfices retirés de cette manière, par leur cohéritier, en lui remboursant ses impenses. Sans aller aussi loin, Basnage, sur l'art. 434 *De la coutume de Normandie*, nous apprend à propos de ces contrats entre le père et son fils, qu'ils sont toujours suspects ; « pour donner force à ces contrats, ajoute-t-il, et effacer les présomptions d'avantages indirects, qui en naissent naturellement, il faut justifier d'un véritable emploi qui ait été fait des deniers, soit en paiement de dettes légitimes, soit en achat d'autres héritages. » Les exigences dont parle Basnage, avaient même passé à peu près textuellement dans le projet de Code de Cambacérès, et dans celui de Jacqueminot (voir Fenet, t. 1, p. 271, 272, 425, 426). Les auteurs du Code Napoléon ont eu raison, selon moi, de les écarter, pour ne pas gêner les conventions qui peuvent intervenir fréquemment entre l'auteur et l'un des membres de sa famille, et l'entrave eût même été plus grande aujourd'hui que dans l'ancienne jurisprudence ; à cause de l'extension donnée par le Code à l'obligation du rapport, qui est due par tous les successibles même collatéraux, au lieu qu'elle n'existait autrefois qu'entre les enfants.

L'art. 853 déclarant que ces sortes de conventions ne sont pas sujettes au rapport, quand elles ne présentent aucun avantage indirect ; faut-il en conclure par *a contrario*, lorsque l'avantage existe, que toute la convention doit disparaître par suite de l'obligation du rapport? Ou bien le rapport consistera-t-il en une simple défalcation de l'avantage résultant de la convention, qui resterait maintenue au principal? Je crois avec M. Demante, t. III, n° 189 *bis,* qu'il faudra se décider suivant les circonstances, et qu'il y aura lieu de distinguer, si la convention contient seulement d'une manière accessoire un profit qui serait seul rapportable, ou si elle a eu pour but principal la donation de la chose qui en fait l'objet ; auquel cas, le contrat devrait être complétement anéanti par suite de l'obligation du rapport, Pothier reconnaissait déjà que cette manière de voir est la plus juste, et il ne la repoussait qu'à cause de prétendues difficultés qu'elle pouvait présenter dans la pratique, et dont il s'exagérait la portée. (Pothier, *Successions,* chap. IV, art. 11, § 2).

L'art. 854 est un peu plus exigeant pour les associations que pour les autres conventions, il veut d'abord qu'elles soient faites sans fraude, ce qui doit n'exprimer d'autre idée, que celle qui, pour réserver les profits, exige que les conventions au moment où elles sont faites, ne présentent aucun avantage indirect. (Demante, t. III, n° 189 bis.) Et comme l'association, plus que tout autre contrat, serait un moyen facile d'avantager un successible, si les conditions n'en étaient pas bien réglées et constatées à l'avance, la loi ne dispense du rapports les profits sociaux retirés par le successible, que lorsque la société a été réglée par acte authentique. L'art 854 en exigeant un acte notarié a eu pour but d'empêcher qu'on n'assurât à un successible de prétendus profits sociaux en antidatant l'acte de société ; il semble qu'il eût suffi d'exiger que l'acte eût date certaine, mais l'authenticité était nécessaire pour rendre impossible la substitution d'un nouvel acte à l'acte primitif, ou sa suppression dans le cas où la société aurait fait de mauvaises affaires. L'acte authentique exigé ici doit être conforme à l'art. 1317 C. N ; aussi ne puis-je approuver l'opinion émise par un certain nombre d'auteurs, (Marcadé entr'autres, sur l'art. 854), d'après laquelle l'authenticité exigée par notre article pourrait être remplacée par l'enregistrement de l'acte de société, et même par les formes de publicité déterminées pour les actes de sociétés commerciales dans les art. 39, 42, 43 et 44 du Code de commerce, Aujourd'hui toutefois, depuis la loi du 24 juillet 1867 sur la publication des actes de société, la question me semble avoir changé de face ; en effet, les art. 55 et 61 de cette loi ordonnent le dépôt non plus seulement des extraits, mais des actes mêmes de société; et ces dépôts doivent avoir lieu, non-seulement comme autrefois au greffe du tribunal de commerce, mais de plus à

celui de la justice de paix du siége social ; or le
juge de paix étant incontestablement un offi-
cier public dans le sens de l'art. 1317, C. N.,
il me semble que le dépôt ordonné par la
loi nouvelle, établit l'authenticité de l'acte de
société non-seulement d'après l'esprit, mais même
d'après la lettre de l'art. 854, de la même manière
que le dépôt d'un acte sous-seing privé, parmi les
minutes d'un notaire. La jurisprudence, sans admettre en principe les équivalents que nous
avons repoussés, sous l'ancienne loi commerciale,
croyait pouvoir apprécier, si, en fait, une dispense virtuelle de rapport ne résultait pas des
clauses de l'acte de société sous-seing privé, soumis au rapport en principe, faute d'authenticité.

Ce système a été admis, notamment par la Cour
de Paris dans un arrêt du 28 décembre 1854, aff.
Stoltz et Watepain, dans lequel la Cour, après
avoir reconnu que l'inobservation par les parties
de la prescription d'authenticité de l'acte, entraî-
nait l'obligation du rapport des profits sociaux;
ajoute: « Considérant que l'art. 843 C. N., en pres-
crivant le rapport par tout héritier venant à une
succession de ce qu'il a reçu du défunt à titre de
libéralité, l'autorise néanmoins à retenir ce qui lui
a été donné à titre de préciput et hors part. Qu'il
y a donc lieu de rechercher si Stoltz père a voulu
accorder à Fréd. Stoltz, cet avantage. Considérant

qu'il est laissé à la prudence des tribunaux, pour établir cette volonté, de consulter les faits et circonstances au milieu desquels les conventions ont été faites. Considérant qu'il est constant que Stoltz a apporté dans les associations dont il s'agit ses capitaux, son temps, son industrie ; que sa coopération active était indispensable à son père, qui, à raison de son âge, et du mauvais état de sa santé, n'aurait pu seul satisfaire aux exigences de son commerce ; qu'en pareilles circonstances, il est évident que Stoltz père a entendu assurer à son fils l'indemnité de son travail, et, à ce titre, une partie des bénéfices qui en étaient le résultat ; qu'ainsi sa volonté certaine a été de dispenser son fils de tout rapport à sa succession. »

Cet arrêt, qui a été confirmé par la Cour de cassation, le 31 décembre 1855, me semble violer à la fois, et notre art. 854, qu'il rend inutile en le dépouillant de toute sanction sérieuse ; et même l'art. 843, qui exige une dispense expresse de rapport, et non point une dispense tirée de circonstances plus ou moins probantes.

L'innovation, qui m'a paru résulter de la loi nouvelle sur les sociétés, ne m'empêche pas de repousser encore aujourd'hui la prétention de M. Duranton, qui dispense du rapport les profits faits par l'héritier dans une association en participation avec le défunt, toutes les fois que les cohéritiers ne peuvent pas prouver que le successible a eu ces bénéfices, et qu'ils lui sont venus de la chose du défunt, qui les aurait eus sans l'association (t. VII, n° 341). La raison en est simple ; c'est que ces sortes d'associations, qui, d'après l'art. 50 C. comm., n'étaient soumises à aucune des conditions de publicité exigées pour les autres sociétés, n'y sont pas soumises davantage aujourd'hui, malgré les termes généraux de l'art. 55 de la loi de 1867. En effet. comme le remarque justement M. Beudant (*Revue prat.*, tome XXV, page 310, note 1) : « Ces associations, telles que les connaît la jurisprudence, n'existent que pour leurs membres; elles n'existent pas pour les tiers, qui ne connaissent que le gérant avec lequel ils traitent; dès lors les opérations sont passées d'individu à individu, et la publicité est inutile. »

S'il en est ainsi, où serait la raison d'exempter ces sortes d'associations de la condition d'authenticité exigée par l'art. 854? quant à moi, il me semble que plus l'association est clandestine, plus les fraudes à la loi du rapport, qu'a voulu prévenir notre article, sont à craindre, et doivent être déjouées par l'exécution rigoureuse de la prescription d'authenticité de l'acte social.

Aux termes de l'art. 1840 : « Nulle société universelle ne peut avoir lieu qu'entre personnes respectivement capables de se donner ou de recevoir l'une de l'autre, et auxquelles il n'est point défendu de s'avantager au préjudice d'autres personnes. »

On s'est demandé si cet article n'apportait pas, en ce qui concerne les sociétés universelles, une exception au principe de l'article 854? Toullier n'en fait aucun doute (tome 11, n· 477) et M. Duverger dans son Traité des sociétés (n· 119), soutient également la nullité absolue des sociétés universelles contractées par une personne chez qui la faculté de disposer est restreinte et limitée; et quoi qu'en dise M. Duranton (tome 17 n· 381), qui s'efforce de prouver que les mots : auxquelles il n'est pas défendu de s'avantager au préjudice d'autres personnes, ne désignent pas ceux dont les biens sont grevés d'une réserve; il me semble bien difficile de ne pas suivre l'opinion rigoureuse de Toullier et de M. Duverger, en face de ces paroles du texte qui me paraissent inexplicables dans l'autre système.

Le rapprochement de l'article 829, qui établit le rapport des dettes, avec nos articles 853 et 854 qui reconnaissent la validité des contrats onéreux passés entre l'auteur et son héritier, a fait naître une sérieuse difficulté; celle de savoir si l'héritier débiteur en vertu d'un contrat onéreux avec le défunt, peut faire produire à la convention à l'encontre de ses cohéritiers, tous les effets qu'il aurait eu le droit de lui faire produire à l'encontre du défunt; ou si, le contrat étant considéré comme résolu par l'effet de l'obligation du rapport, (selon l'adage, *mors omnia solvit*), l'héritier doit rapporter toute sa dette, capital et intérêts, à partir du jour de l'ouverture de la succession, et cela dans tous les cas, nonobstant toute stipulation contraire.

La doctrine du rapport absolu des dettes était enseignée par les anciens auteurs, qui l'avaient introduite en dehors de tout texte positif. Sous l'empire du Code, les cours impériales ont d'abord paru l'adopter, et malgré la scission éclatante de la cour de cassation, cette doctrine est encore soutenue énergiquement par des auteurs considérables, notamment par M. Devilleneuve (1846, 11, 225 et suiv.), et plus récemment par M. Labbé, dans un article de la Revue pratique. (*Rev. prat.* 1859, t. VIII, p. 475 et suiv.)

M. Labbé s'appuie sur l'ancien droit, auquel, selon lui, l'art. 829 a entendu renvoyer purement et simplement. Il est certain que nos anciens auteurs avaient étendu aux dettes de l'héritier envers son auteur, l'obligation du rapport, sur le modèle du rapport des dons; et cela pour se conformer au principe d'égalité entre cohéritiers recommandé en général par les coutumes d'égalité parfaite et d'égalité imparfaite, et notamment par l'art. 305

de la coutume de Paris; « père et mère ne peuvent par donation, testament ou autrement, avantager leurs enfants venants à leur succession, l'un plus que l'autre. » Le savant professeur prouve par de nombreuses citations empruntées notamment à Brodeau sur Louet, Lebrun, Ferrière et Pothier, que l'ancienne jurisprudence considérait les prêts faits à l'héritier, comme une espèce de donations indirectes qu'il fallait soumettre au rapport pour sauvegarder l'égalité entre les cohéritiers; et d'autre part, l'art. 829 consacrant simplement le rapport des dettes, devrait être interprété selon M. Labbé, avec toute l'extension que comportait cette matière dans l'ancien droit. Pour moi, je ne puis adopter ce système, car il me paraît sacrifier à l'art. 829 les art. 853 et 854, qui doivent lui apporter un tempérament; en effet, ces articles ne disent-ils pas d'une manière générale que les conventions à titre onéreux passées entre le défunt et son successible ne sont pas rapportables, si elles ne renferment aucun avantage indirect? or, est-il impossible, je le demande, de prévoir tel cas où l'héritier, débiteur du *de cujus* en vertu d'un contrat purement onéreux, aura stipulé comme mode d'acquittement de sa dette, certains avantages qui n'altèrent en rien la nature de la convention onéreuse?

Je suppose qu'un fils emprunte à son père une

forte somme d'argent pour entreprendre une exploitation industrielle ou commerciale; on stipule des intérêts, qui, peu élevés d'abord, augmenteront dans la suite, à mesure que l'exploitation donnera des bénéfices plus considérables, et, pour sauvegarder le crédit du fils, si indispensable à la réussite d'une telle entreprise, le remboursement n'a été stipulé exigible qu'à partir d'un certain terme; qu'y a-t-il là, je le demande, qui ressemble à une libéralité? et, si, à la mort du père, que je suppose survenue peu après, on oblige cet enfant, sous prétexte de rétablir l'égalité entre les cohéritiers, à rapporter la somme empruntée, ne consacre-t-on pas à son préjudice une inégalité flagrante? Qui ne voit, en effet, que si ce successible a la chance de réaliser des bénéfices avec les deniers héréditaires, il court le risque de pertes qui ne doivent retomber que sur lui seul? étant dès lors dans la position d'un étranger qui aurait emprunté du défunt, ne doit-il pas, si l'art. 854 a quelque portée, être traité identiquement comme le serait cet étranger?

M. Labbé, en traitant ce sujet, ne s'est-il pas inspiré trop exclusivement de l'esprit de l'ancienne jurisprudence, sans prendre assez garde peut-être que le Code a répudié formellement certaines présomptions au sujet des conventions entre l'auteur et son héritier, qui justifiaient autrefois cette doctrine? Nous avons vu déjà combien ces contrats étaient mal vus dans l'ancien droit; quelques coutumes les annulaient purement et simplement, d'autres les tenaient pour non avenus, en l'absence de certaines justifications. En résumé, ces conventions étaient présumées avantages indirects, et c'est justement cette présomption de libéralité qui détermine nos anciens auteurs à soumettre, dans tous les cas, les dettes du successible au rapport. Quand on leur objectait qu'il était injuste de violer les clauses d'un prêt, que répondaient-ils? « Que les parents avancent de l'argent à un de leurs enfants beaucoup plus aisément qu'à un étranger, qu'ils s'y laissent entraîner par affection pour lui, et aussi à cause de sa qualité d'héritier présomptif. Qu'ils font volontiers profiter par anticipation leur fils des valeurs que celui-ci est appelé à recueillir tôt ou tard dans la succession. » (Leprêtre, Cent 3, ch. I, nos 12 et suivants). Ils disent encore, toujours en parlant des parents prêteurs : « Ils stipulent des intérêts, afin de ne pas diminuer leurs revenus et leurs moyens d'existence; mais ce qu'ils font n'est pas une pure opération à titre onéreux, c'est plutôt un avancement d'hoirie. » (Ferrière, sur l'art. 304, Cout. de Paris, § 4, n° 44.) Enfin. Pothier dit en propres termes : « Que le rapport est dû des sommes prêtées, également comme des sommes données. (Poth., success., chap. IV, page 449).

On voit par toutes ces citations que nos anciens auteurs soumettaient ces prêts au rapport comme des avancements d'hoirie, ainsi que s'exprime Ferrière, c'est-à-dire comme de véritables libéralités; mais le Code a complétement abandonné cette manière de voir, loin de présumer une libéralité sous un contrat onéreux entre l'auteur et son successible, il le dispense formellement du rapport dans les art. 853 et 854, afin de rompre sur ce point avec l'ancienne doctrine. N'est-ce pas dire que toutes les clauses d'un tel contrat seront exécutées comme si la convention avait eu lieu entre étrangers? il y aura donc ici simplement dette du successible envers la succession, mais celui-ci jouira de tous les avantages stipulés pour le mode d'exécution de son obligation.

Les adversaires me paraissent méconnaître complétement la distinction profonde faite par nos articles entre les contrats faits par l'auteur avec son successible qui sont purement onéreux et ceux qui contiennent une libéralité; distinction qui n'est qu'une application de celle plus large, contenue dans les art. 1105 et 1106, entre les contrats de bienfaisance et les contrats à titre onéreux, et que le tribun Boutteville reconnaissait en ces

termes à propos du prêt sur lequel raisonne surtout
M. Labbé, lorsqu'il disait dans son rapport au tri-
bunat : « qu'il y a nécessairement deux sortes de
prêts de consommation, l'un fait à titre purement
gratuit, l'autre à intérêt. »

Le système contraire aboutit d'ailleurs à des
conséquences qui paraissent exorbitantes même à
ses défenseurs; ainsi le savant professeur que je
combats, supposant que la somme due par l'héritier au défunt, est plus considérable que sa part
héréditaire, se demande s'il perdra le bénéfice du
terme pour la dette entière, ou seulement jusqu'à
concurrence de cette part héréditaire et après
avoir constaté que Bourjon (Droit Com. t. XVII,
2ᵉ partie, ch. VI, sect. 2, n° 9), imposait à l'héritier, dans ce cas, de payer sans délai la dette entière; M. Labbé abandonne l'ancien droit sur lequel il semblait s'appuyer exclusivement, et il
ajoute : « Cette décision (de Bourjon) est bien rigoureuse et je ne l'adopterai pas. » Cette doctrine toute entière me semble à moi bien rigoureuse et même injuste, dans bien d'autres cas que
celui qui paraît inspirer des scrupules à M. Labbé,
et au lieu de donner à l'art. 829 *in fine* une limi-
tation basée sur des motifs plus ou moins spé-
cieux, mais arbitraires; j'aime mieux lui laisser celle
qui est tracée par la loi elle-même dans les articles 853 et 854. Dans mon système, lorsque la

dette du successible proviendra soit d'une avance, soit d'un délit ou d'un quasi-délit, ou d'un quasi-contrat, tous les avantages stipulés en faveur du débiteur tomberont, et notamment, la dette deviendra exigible et productive d'intérêts du jour de l'ouverture de la succession. (Art. 850 et 856 C. N.). Mais si l'héritier n'est devenu débiteur du *de cujus* qu'en vertu d'un contrat à titre onéreux (ce que les juges auront à vérifier en fait), toutes les stipulations en sa faveur, telles que terme, dispense. ou diminution d'intérêts, devront être respectées pour ne pas dénaturer la convention des parties en violation des art. 853 et 854. Ce système, enseigné par M. Demolombe et M. Duverger a été consacré par un remarquable arrêt de la Cour de cassation, du 22 août 1843, aff. Valeau, qui a reçu l'entière approbation de M. Pont dans la *Revue de législation* (t. XIX de la collection, page 610 et suiv.). Il s'agissait d'un prêt fait à un successible par son auteur, le successible étant tombé en faillite avait obtenu de ses créanciers, parmi lesquels était l'auteur commun, un concordat lui faisant remise d'une partie de sa dette ; plus tard, l'héritier venant à la succession de l'auteur commun, devait-il le rapport de la somme entière empruntée ou seulement du dividende fixé par le concordat? La Cour de cassation faisant remarquer avec raison qu'un prêt n'impli-

quait plus aujourd'hui nécessairement, comme
au temps de Pothier, une idée de libéralité; que
la réduction consentie par un concordat n'était
pas davantage une donation (art. 613 C. comm.);
et reconnaissant dans l'espèce qui lui était soumise un prêt à titre onéreux, elle a déclaré que le
dividende stipulé par le concordat serait seul
rapportable.

Voici quelques autres conséquences du système
que je viens d'exposer :

I. L'héritier débiteur peut continuer à jouir
contre la succession du bénéfice du terme, et
jusqu'à l'exigibilité, il n'est tenu de payer à la
succession que les intérêts stipulés au profit du
défunt.

II. Le rapport d'une pareille dette n'étant pas dû
lors de l'ouverture de la succession, le débiteur
n'est point forcé de précompter dans son lot le
montant de sa dette, qui se répartira entre tous
comme une dette ordinaire; et en conséquence les
cohéritiers ne pourront faire aucuns prélèvements
sur la part afférant au débiteur.

III. Si cet héritier était obligé au service d'une
rente perpétuelle envers son auteur, il ne sera
pas tenu de rembourser le capital de la rente,
par voie d'imputation sur sa part; en vertu du
principe que tous les événements qui enlèvent à
un débiteur le bénéfice du terme convenu, rendent

immédiatement exigible le capital d'une rente.(article 1188, 1912 et 1913 C. N.).

IV. Enfin, l'héritier peut opposer à la succession comme au défunt lui-même la prescription.

Au principe des art. 853 et 854, la loi a posé une exception remarquable dans l'art. 918 C. N. en ces termes : « La valeur en pleine propriété des biens aliénés, soit à charge de rente viagère, soit à fonds perdu, ou avec réserve d'usufruit, à l'un des successibles en ligne directe, sera imputée sur la portion disponible, et l'excédant, s'il y en a, sera rapporté à la masse. Cette imputation et ce rapport ne pourront être demandés par ceux des autres successibles en ligne directe qui auraient consenti à ces aliénations, ni dans aucun cas, par les successibles en ligne collatérale. » Cette disposition exceptionnelle, à plusieurs points de vue, a été empruntée à l'art. 26 de la loi du 17 nivôse an II, en le modifiant d'une manière notable. La loi de nivôse, qui ne permettait de donner la quotité disponible qu'à des étrangers (art. 16 de cette loi), annulait ces sortes d'actes; le Code Napoléon, au contraire, permettant de disposer de cette quotité en faveur de l'un des héritiers (art. 919), se contente, en vertu de la même présomption de libéralité attachée à ces actes, d'imputer sur la quotité disponible la valeur en pleine propriété des biens vendus, et de les réduire, s'ils la dépassent. Sous l'empire de la loi de nivôse, les collatéraux qui avaient une réserve pouvaient demander la nullité de ces sortes d'actes, aussi bien que les héritiers en ligne directe; aujourd'hui, ces derniers ayant seuls une réserve, peuvent seuls demander le rapport de l'excédant de la quotité disponible. Mais l'art. 918 aggrave la disposition ancienne, en ajoutant aux ventes à fonds perdu ou à charge de rente viagère, celles qui sont faites avec réserve d'usufruit, et il faut avouer que l'innovation n'est pas heureuse; en effet, dans les deux premiers cas, le prix consistant seulement en prestations périodiques qui cessent à la mort de l'auteur commun, on doit supposer que l'auteur a dissipé comme revenus le montant de ces prestations, et qu'il y aura, vis-à-vis de la masse des héritiers, disparition d'une partie de son patrimoine; ce qui n'a pas lieu dans ce dernier cas où la réserve d'usufruit n'empêche pas la stipulation d'un prix principal de vente. Pour atténuer ce que notre disposition peut encore présenter de rigoureux, le Code, à l'exemple de la loi de nivôse, a donné le moyen de rendre ces actes inattaquables même pour les successibles en ligne directe: c'est de les faire intervenir à ces actes.

Troisième section. — L'art. 843 oblige tout héritier venant à une succession de rapporter à ses cohéritiers toutes les donations directes ou indirectes qu'il peut avoir reçues du défunt, lorsqu'elles ne lui ont pas été faites expressément par préciput ou hors part : les donations déguisées par interposition de personne ou sous la forme d'un contrat onéreux , sont-elles comprises dans ce texte, ou bien le déguisement est-il par lui-même une dispense virtuelle de rapport? Telle est la question qui me reste à examiner dans cette troisième section ; il y a là-dessus trois systèmes :

Premier système. — Le déguisement emporte dispense virtuelle de rapport. On peut, dit-on, faire indirectement ce qu'on peut faire directement; or, dans une semblable donation n'aperçoit-on pas dans le déguisement même l'intention du donateur, qui veut que son successible ne soit pas inquiété à propos de l'avantage en question? et méconnaître cette intention en soumettant au rapport de semblables donations, n'est-ce pas violer l'axiome admis par tout le monde : qu'on peut faire indirectement tout ce que la loi permet de faire directement? Quelques partisans de ce système vont plus loin, d'après eux les donations déguisées ne sont pas comprises dans la dénomination générique de donations indirectes dont parle l'art. 843, et par conséquent la nécessité d'une dispense expresse de rapport ne leur serait pas applicable. (Marcadé, t. III, p. 239). L'article 1099, ajoute le même auteur, établit même clairement la distinction entre les donations indirectes et les donations déguisées.

M. Massé est même allé jusqu'à prétendre que le Code n'avait prévu nulle part les donations déguisées; et par conséquent ce n'est pas dans le Code, mais en elles-mêmes qu'il faut chercher, selon lui, les conditions de leur existence, et le principe de leurs effets (Massé, Collect. nouv. de Devill. t. IV. p. 367).,

D'ailleurs, ajoute-t-on, les art. 847, 848 et 849 ne font-ils pas résulter la dispense de rapport, du fait seul d'interposition de personne? et l'art 918 ne l'induit-il pas du déguisement de la libéralité, sous la forme d'un contrat à titre onéreux?

2ᵉ *Système*. — Ces sortes de donations sont soumises au rapport, à moins d'une dispense expresse. En effet, l'art. 843 soumet à l'obligation du rapport toutes les donations directes ou indirectes, à moins, d'une dispense expresse du donateur, et si l'on parvient à établir que les donations déguisées sont comprises dans le terme générique de libéralités indirectes, cette doctrine devient incontestable. Pour moi, il est de toute évidence que le Code considère les donations déguisées comme une variété d'avantages indirects, j'ai démontré dans mon introduction par plusieurs citations empruntées à Pothier, que ce guide de nos législateurs de 1804 l'entendait ainsi, et il importe de remarquer que deux des passages cités, savoir : le chapitre IV, art, 2, § 2 du Traité des successions, et le n° 77 de l'introduction au titre XVII de la coutume d'Orléans, servent de commentaire à l'art. 303 de la coutume de Paris, qui établit l'égalité entre cohéritiers, et comme conséquence, le rapport et dont l'art. 843, C. N.; n'est qu'une reproduction, dans son but, son esprit et sa portée.

Quant à l'assertion de M. Massé, qui prétend que le Code ne prévoit pas même les donations déguisées, elle me paraît insoutenable en face des précédents, et des articles 918, 911 et 1099, dans lesquels le législateur les appelle littéralement par leur nom ; en présence surtout des art. 853 et 854 qui ne dispensent du rapport les profits retirés de conventions passées avec le défunt, qu'autant que les conventions ne présentaient aucun avantage indirect lorsqu'elles ont été faites; voilà bien réunies les deux circonstances, de contrat à titre onéreux et d'avantage indirect, qui constituent la donation déguisée, et cependant loin de voir dans ce déguisement une dispense de rapport, le législateur exprime assez clairement que l'avantage indirect assuré par la convention au moment même où elle a été faite, devra être rapporté. Les partisans du premier système prétendent que les articles

cités visent seulement des avantages prohibés par
les dispositions de la loi sur la capacité de disposer
ou de recevoir à titre gratuit, et sur la quotité disponible; mais il n'est pas admissible, comme le
fait remarquer M. Demolombe (*Traité des succes.*
t. IV, n° 253), que ces articles, placés dans la section du rapport, visent des cas de capacité personnelle ou de disponibilité réelle. Quant à l'art. 1099
invoqué par Marcadé, il peut très-bien s'adapter à
notre doctrine ; dans sa première partie il comprend en général toutes les manières quelconques
de s'avantager indirectement que les époux peuvent employer, et dans la seconde, conformément
à la doctrine de Pothier, et pour des motifs que
nous déduirons un peu plus loin, il édicte une
disposition spéciale pour le cas de donations déguisées entre époux. (Poth., *Des don. entre mari
et femme*, n° 78). On argumente encore des art.
847, 848, 849 et 918 : de ce que les donations de
ces trois premiers art. présumées faites à personnes
interposées, et les aliénations de l'art. 918 présumées donations déguisées, sont dispensées du rapport; on a cru pouvoir en déduire cette formule
générale : que tous les avantages déguisés sont dis-
pensés du rapport. Quant à moi, je tire de ces
articles justement la conclusion contraire, par
la raison bien simple que l'exception confirme
la règle, et que si ces sortes de donations étaient

exemptes par leur nature, des exigences de l'article 843, il eût été bien inutile d'édicter ces dispositions spéciales pour les en exempter dans cer·tains cas déterminés. La vérité, c'est que dans les articles précités, nous sommes en matière de présomptions légales, c'est-à-dire, en matière restrictive et applicable seulement à des cas spéciaux et déterminés (art. 1350). Si une chose m'étonne, c'est de trouver parmi nos adversaires Toullier, qui qualifie ailleurs la présomption légale avec une si grande netteté, que je ne puis m'empêcher de citer ici le passage tout entier. » La spécialité d'une disposition formelle de la loi, dit-il, peut seule caractériser une présomption légale. La conséquence que l'on peut tirer par argumentation d'un texte de la loi, en raisonnant par analogie, pour étendre sa décision d'un cas à un autre cas analogue, ne serait point une présomption légale, mais une présomption de l'homme. » (Toull., t. X n° 32). La manière de raisonner de nos adversaires consiste justement à substituer, en vertu d'une analogie, une présomption de l'homme à une présomption légale ; et je le demande, n'est-ce pas là violer à la fois la lettre de l'art. 843 qui exige toujours une dispense expresse, et son esprit qui veut le maintien de l'égalité entre les cohéritiers lorsque le moindre doute peut subsister ;

c'est-à-dire, lorsque le *de cujus* n'a pas manifesté évidemment une volonté contraire.

3⁀ *Système.* — La jurisprudence reconnaît aujourd'hui que les donations déguisées sont soumises au rapport en vertu de l'art. 843; d'après elle, le fait seul du déguisement n'est pas suffisant pour faire présumer la dispense, mais à la différence des donations ordinaires, le juge en cette matière pourrait induire la dispense de rapport des présomptions de l'homme et même de la preuve testimoniale.(Cass. 10 nov. 1852, aff. Reymond).

Le système de la jurisprudence consiste donc à soumettre les donations déguisées à la règle du rapport édictée dans la première partie de l'article 843, puis à les soustraire à cette règle en dehors de l'exception unique énoncée dans la deuxième partie du même article, et qui est évidemment corrélative de la première; c'est là une inconséquence qui ne trouve d'appui dans aucun texte de loi, et ajoute gratuitement une nouvelle exception à celle établie d'une manière limitative par l'art. 843 *in fine*. On a dit, pour justifier ce système, que la dispense expresse était incompatible avec la nature et les motifs de la donation déguisée; que le déguisement était employé le plus ordinairement pour éviter des formes gênantes, des droits d'enregistrement élevés, ou pour maintenir l'har-

monie dans les familles et écarter provisoirement
l'idée des avantages qui pourraient exciter la ja-
lousie entre les enfants; or, insérer dans de tels
actes une dispense de rapport, ne serait-ce pas
révéler le véritable caractère de l'acte, c'est-à-dire
rendre le déguisement sans objet? Cette objection
serait sérieuse si l'art. 919 ne permettait pas d'ins-
crire la dispense dans un acte séparé, en se con-
formant aux formes exigées. (Voir Cass., 20 mars
1843, aff. Lebas ; Cass., 20 décembre 1843, aff.
de Saint-Amans ; Cass., 16 juillet 1855, aff. Dornier ; Cass., 31 décembre 1855, aff. Couder ;
Cass., 18 août 1862, aff. Kronowski). L'arrêt
Dornier induit la dispense de rapport de l'acte
même qui contient la simulation : il s'agissait dans
l'espèce d'une mère qui avait fait à son fils une
donation déguisée, en se reconnaissant débitrice
envers lui d'une somme qu'elle ne lui devait pas ;
et l'acte de reconnaissance de la dette, énonçant
qu'elle serait prélevée sur la succession avant tout
partage ; on pouvait bien voir là, ce me semble,
l'expression d'une dispense de rapport ; mais dans
ce cas le second système admettrait parfaitement
cette décision ; en effet, d'une part, personne n'a jamais prétendu que les mots par préciput ou hors
part dussent se trouver en termes sacramentels
pour constituer une dispense expresse, et d'autre
part, l'arrêt cité, en tirant la preuve de la volonté

du *de cujus*, de l'acte lui-même, s'est conformé
complétement au désir du législateur exprimé par
M. Jaubert, qui veut qu'en dehors d'une dispense
expresse faite postérieurement, « la volonté se lise
dans la disposition elle-même. » (Fenet, tome XII,
page 590.)

II.— *Avantages indirects au point de vue de l'incapacité.*

Le Code, après avoir, dans les art. 901 à 910,
édicté un certain nombre d'incapacités de recevoir, les sanctionne en ces termes dans l'art. 911:
« Toute disposition au profit d'un incapable sera
nulle, soit qu'on la déguise sous la forme d'un
contrat onéreux, soit qu'on la fasse sous le nom
de personnes interposées. Seront réputées personnes interposées, les père et mère, les enfants
et descendants, et l'époux de la personne incapable.

La première partie de cet article m'a fourni un
argument très-grave pour décider que les donations déguisées sont valables ; maintenant je pas-
serai rapidement sur ce premier alinéa qui contient une sanction générale des incapacités de recevoir. La sanction sera la nullité lorsque l'incapable ne pouvait recevoir ni en partie, ni pour le
tout (art. 907 et 909), et seulement la réduction

lorsque l'incapacité de recevoir n'était que partielle (art. 908).

En dehors des présomptions établies par le deuxième alinéa de notre article, ce sera au demandeur à prouver le déguisement ou l'interposition, c'est-à-dire à celui qui attaque l'acte et prétend que l'état de fait est contraire à l'état de droit; mais comme il s'agit d'une fraude à la loi, la preuve pourra se faire de toute manière (art. 1341, 1353).

Examinons maintenant les présomptions établies dans la seconde partie de notre article 911, et qui rentrent plus directement dans notre sujet.

Notre article répute personnes interposées les père et mère, les enfants et le conjoint. Il faut comprendre les père et mère naturels et adoptifs, qui se trouvent indiqués par la généralité des termes de la loi, et aussi par ses motifs : l'affection de la personne présumée interposée, pour l'incapable. (C. de Metz, 10 août 1864).

La même décision doit être admise pour les enfants; mais il ne faut pas assimiler ici les alliés aux parents, car notre disposition est une présomption légale qu'on ne peut étendre. (Cass., 12 novembre 1866).

On s'est demandé si les présomptions qui nous occupent devaient être étendues aux personnes frappées d'une incapacité absolue de recevoir : par

exemple : aux père et mère de l'étranger, déclaré
incapable en vertu du principe de réciprocité de
l'art. 912 avant la loi du 14 juillet 1819? et aujourd'hui encore aux père et mère du condamné à
une peine afflictive perpétuelle? (art. 3 de la loi du
31 mai 1854). Je ne le pense pas ; l'art. 911 paraît
se référer aux articles précédents, et si on eût
voulu le rendre applicable aux incapacités absolues, on l'eût certainement fait précéder par
l'art. 912 qui en édictait une. On fait remarquer
aussi que dans le système contraire, si par mal-
heur une personne avait un de ses parents, son
père ou son fils, frappé d'une peine afflictive perpétuelle, elle deviendrait incapable de recevoir
de qui que ce fût; conséquence révoltante, et qui
violerait le principe fondamental en droit pénal
de la personnalité des peines.

La disposition finale de l'article 911 est une
présomption *juris et de jure,* contre laquelle il
n'est pas possible de s'élever en cherchant à établir la preuve contraire. (Art. 1352).

On a beaucoup agité la question de savoir si la
présomption d'interposition devait avoir lieu lorsque le gratifié était un établissement autorisé ; et
par conséquent une personne morale capable de
recevoir ; je penche pour l'affirmative, car s'il est
vrai que ces établissements ne sont pas des incapables, leur capacité a été limitée et soumise à un

certain contrôle du gouvernement, dans un but d'ordre public, qu'il serait trop facile d'éluder au moyen d'interpositions de personnes. (Paris, 20 mai 1851, de Schulembourg, Paris, 10 janvier 1863.)

IIIᵉ PARTIE.

DES AVANTAGES INDIRECTS ENTRE ÉPOUX.

Les libéralités entre époux peuvent être, soit simplement indirectes, soit déguisées par interposition de personne, ou sous la forme d'un contrat à titre onéreux.

Dans les articles 1094, 1096 et 1098, le législateur a renfermé dans de sages limites les libéralités entre époux ; les articles 1099 et 1100, qui vont nous occuper sont destinés à sanctionner ces règles prohibitives, contre les époux qui voudraient les éluder soit au moyen d'avantages indirects, soit à l'aide de libéralités déguisées sous la forme d'un contrat onéreux ou par personne interposée. Voici le texte de ces articles :

Art. 1099. Les époux ne pourront se donner indirectement au-delà de ce qui leur est permis par les dispositions ci-dessus. Toute donation, ou déguisée, ou faite à personnes interposées, sera nulle.

Art. 1100. Seront réputées faites à personnes interposées, les donations de l'un des époux aux enfants ou à l'un des enfants de l'autre époux, issus d'un autre mariage, et celles faites par le donateur aux parents dont l'autre époux sera héritier présomptif au jour de la donation, encore que ce dernier n'ait point survécu à son parent donataire.

Ces dispositions tirent leur origine de la loi *hac edictali*, qui, après avoir énoncé la quotité dont l'époux qui se remarie ayant des enfants, peut disposer en faveur de son nouveau conjoint, ajoute : « omni circumscriptione, si qua per in- « terpositam personam, vel alio quocumque modo « fuerit excogitata, cessante. (loi 6 Cod liv. V « tit. IX *de secundis nuptis*). » Nos articles paraissent empruntés aussi à l'édit des secondes noces de 1560, qui est d'ailleurs tiré lui-même en grande partie de la loi que je viens de citer, nous y lisons que « les veuves ayant enfants..... si elles passent à de nouvelles noces, ne peuvent. .., en quelque façon que ce soit, donner de leurs biens..... ni à leurs nouveaux maris, père, mère, ou enfants desdits maris ou autres personnes qu'on puisse présumer être par dol ou fraude interposées, plus qu'à l'un de leurs enfants. »

Cette origine de nos articles avait fait croire à certains jurisconsultes, (V. Toullier n° 881), qu'ils ne sanctionnaient que l'art. 1098, qui limite la quotité disponible entre époux en cas de second mariage, lorsqu'il existe des enfants du premier lit ; mais tout le monde admet aujourd'hui qu'ils sanctionnent également les articles 1094 et 1096 , dont le premier restreint la quotité disponible entre conjoints non remariés, et le second déclare essentiellement révocables, les donations faites entre époux pendant le mariage. La preuve que l'art. 1099 ne vise pas seulement l'art. 1098, se lit dans le texte même, qui parle de ce qui est permis par « les dispositions ci dessus, » expressions générales embrassant tous les articles du chapitre IX, qui restreignent les libéralités entre époux. Je crois même qu'il n'y a pas lieu de distinguer entre les libéralités antérieures et celles postérieures au mariage ; seulement dans la pratique il y aura lieu moins souvent d'annuler les premières que les secondes, parce que d'une part, elles sont irrévocables sans qu'il y ait besoin de les déguiser et, d'autre part, il sera bien rare, hors le cas de convol, qu'il y ait eu déguisement d'acte ou interposition de personnes avant le mariage, dans le but d'éviter la réduction. (En ce sens, Cass. 16 avril 1850; aff. Calvincourt St Martial).

La généralité d'application des articles 1099 et 1100 étant ainsi établie, il s'agit de rechercher la prohibition qu'ils contiennent.

En droit romain, les donations entre époux pendant le mariage, longtemps prohibées, furent permises en vertu d'un sénatus-consulte rendu sous Septime-Sévère, sauf faculté de révocation, et imputation de la quarte Falcidie. La plupart des coutumes furent plus exigeantes que le droit romain en repoussant toutes les libéralités entre époux pendant le mariage, même celles faites par testament ou par donation à cause de mort qui étaient permises par la loi romaine ; et cela pour conserver, comme dit Ricard, (Donat. t. I. page 83), « l'honneur du mariage, et le rendre absolument désintéressé; » elles ne permettaient entre époux que le don mutuel.

Je ne parle, bien entendu, que des avantages faits entre personnes mariées, car, pour les donations faites par contrat de mariage, elles étaient au contraire très favorisées, soit par la loi romaine, soit par notre ancien droit. (Voir loi 4, Code, *de jure dotium* et Ricard, *loc. cit.*)

Le Code Napoléon a autorisé les donations entre époux qui seront irrévocables comme anciennement, lorsqu'elles seront faites par contrat de mariage, et révocables, comme en droit romain depuis Septime Sévère, si elles ont lieu pendant le mariage ; mais elles sont renfermées par les articles 1094, et 1098, dans les limites d'une quotité disponible toute spéciale. C'est à la suite de ces articles qu'est placé l'art. 1099 qu'il s'agit d'interpréter. La première partie de cet article ne soulève pas de difficulté; elle prévoit le cas de libéralités indirectes ostensibles, et les réduit simplement à la quotité disponible entre époux. Mais à l'égard des donations déguisées ou faites à personnes interposées, le paragraphe 2ᵉ tient un langage tout différent; il en prononce la nullité : disposition qui donne lieu à de graves controverses. Il s'agit de savoir si ce texte, pour prévenir les fraudes fort à craindre en cette matière, a prononcé la nullité des donations déguisées entre époux, d'une manière absolue, sans s'inquiéter si la réserve a été ou non atteinte; ou si l'art. 1099 *finc*, n'a voulu que protéger la réserve, et à cet effet retrancher simplement l'excédant de la quotité disponible.

Premier système. — Il prétend qu'une donation déguisée entr'époux, est seulement réductible en cas d'excès, à la mesure de la quotité disponible. Ce système a été exposé d'une manière remarquable, dans des conclusions présentées à l'audience de la Cour de Lyon du 18 novembre 1862, (aff. Nesmes), par M. Merville, alors avocat général près cette Cour : voici les principaux arguments de l'honorable magistrat. Selon lui, les expressions : avantage indirect, donation déguisée, dons à personnes interposées sont synonimes, il en voit la preuve dans les précédents, notamment dans les passages de Pothier que j'ai moi-même invoqués plus haut à l'appui de cette thèse prise en général. Dès lors le second alinéa de l'art. 1099, au lieu de former antithèse avec le premier, n'en serait qu'un simple développement, inutile, maladroit si l'on veut, mais tel que la loi nous offre bien d'autres exemples semblables ; notamment dans l'art. 911, qui contient aussi une formule de nullité absolue dans le cas de donation déguisée faite à un incapable; disposition tout aussi inutile que la nôtre, puisque la loi ayant déjà énuméré les incapables de recevoir ; il était évident qu'on ne pouvait pas plus leur donner indirectement, que d'une manière directe. L'utilité de l'art. 1099, serait de servir de transition à l'art. 1100; en effet, cette dernière disposition ayant pour objet d'énumérer les personnes que la loi présume interposées dans les donations entre époux, il fallait pour préparer cette disposition, parler d'abord des donations faites à personnes interposées.

Quant au mot de nullité, employé par notre article, au lieu de celui de réduction, ce serait un terme défectueux, comme dans l'art. 911, où tout le monde interprète le mot nullité dans le sens de réduction, lorsque le donataire n'est incapable, comme l'enfant naturel, que dans une certaine mesure; le législateur n'est point parfait ; et les ar-

ticles 918 et 844 employent bien le mot de rapport pour celui de réduction. L'honorable magistrat ne voit pas pourquoi la loi se serait montrée
plus sévère ici qu'à l'égard des autres personnes
frappées d'une incapacité partielle, l'entraînement
des conjoints l'un pour l'autre, n'étant pas plus
à craindre que l'entraînement d'un père naturel
pour ses enfants ; il y a plus, ce système semble
consacré clairement par les paroles suivantes de
M. Favard au Corps législatif : « Il fallait prévenir
les donations indirectes entre époux, par personnes interposées, de la portion de biens qu'ils ne
peuvent pas se donner. » (Fenet, t. XII, p. 646).
Enfin, selon M. Merville, il faut s'inspirer dans
l'interprétation de ce texte difficile, de l'esprit général du Code, qui, dans les divers articles présumant la simulation (art. 1321, 918, 847, 911), limite, tempère les effets de ces sortes de libéralités
lorsqu'ils sont excessifs, mais n'annule pas la disposition d'une manière radicale. (*Voir Rev. prat.*,
t. XV, p. 75 ; Caen, 13 novembre 1847, aff. La-
londe ; Toulouse, 26 février 1861, aff. Traisin, et
Lyon, 18 novembre 1862, aff. Nesmes. Duranton, t. IX, n° 831 ; Coin Delisle, art. 1099).

Deuxième système. — La donation est nulle
pour le tout, sans qu'on ait à s'inquiéter si elle excède ou non la quotité disponible ; c'est l'opinion
de la Cour de cassation, et je la crois conforme à

la lettre et à l'esprit de la loi. Je dis qu'elle est conforme au texte de la loi ; en effet, après avoir déclaré dans une première partie que les époux ne pourront se donner indirectement au-delà de la quotité disponible, l'art. 1099 édicte formellement dans la seconde la nul ité des donations déguisées ou faites à personnes interposées ; ce texte n'est-il pas clair ? et substituer, comme le fait le premier système, le mot réductible au mot nulle, n'est-ce pas faire la loi au lieu de l'interpréter ? L'art. 1099 serait alors plus qu'inutile, comme dit M. Demolombe (*Donat.*, t. VI, n° 614) : « Il édicterait une inutilité tout à fait incorrecte, puisque, après avoir dit, dans le premier alinéa, que les libéralités indirectes seraient réductibles, le législateur se bornerait encore à dire, dans le second alinéa, que les libéralités indirectes seraient réductibles, et à le dire, cette seconde fois, beaucoup moins bien que la première, ou plutôt même très mal, en déclarant nulle la libéralité qu'il voulait, à ce que l'on prétend, déclarer seulement réductible. »

L'art. 911 prononce bien *in genere* la nullité des donations déguisées faites à des incapables, et j'admets, quoique la question soit controversée, qu'une telle donation faite à l'enfant naturel sera seulement réductible ; mais cela veut-il dire que dans l'art. 911 le mot nullité signifie réduction ? personne n'oserait le soutenir ; voici, selon moi, quelle est la portée de cette disposition, si elle a prononcé le mot de nullité, c'est qu'elle visait les personnes frappées d'une incapacité complète de recevoir (art. 907, 909 C. N.), et ce n'est qu'accessoirement, en combinant cet article avec l'article 757, qui, de l'avis de tout le monde, accorde une réserve à l'enfant naturel, qu'on est parvenu à démontrer qu'une semblable donation faite à cet enfant serait réductible et non pas nulle. Quelle différence entre la rédaction de l'art. 911 ainsi expliquée, et celle de l'art. 1099 qui oppose la réduction à la nullité et dit en propres termes que toute donation déguisée entre époux sera nulle pour que la comparaison entre ces deux dispositions fût concluante, il faudrait que l'art. 911 eût dit aussi que toute donation déguisée faite à l'enfant naturel serait nulle.

La formule radicale de l'art. 1099 2° s'explique par le but qu'il se propose principalement, celui de sanctionner, comme je l'ai dit plus haut, non-seulement les limitations apportées à la quotité disponible entre époux par les art. 1094 et 1098, mais encore la révocabilité de ces sortes de donations (art. 1096); dans la prévision des dangers de fraude et de simulation dans cette matière, le législateur a fait de l'authenticité un principe d'ordre public pour ces sortes d'actes; écoutons plutôt M. Marcadé, sur l'art. 1099 n° 1 : « La loi, dit-il,

a souverainement redouté l'influence des époux
l'un sur l'autre; elle a pensé que la simulation de
l'acte onéreux, et l'interposition des personnes qui
sont les moyens de fraude les plus ordinaires, ne
manqueraient pas d'être employés souvent et lar-
gement entre époux, et, pour en enlever toute
idée à ces époux et les en détourner avec plus d'efficacité, elle a énergiquement déclaré que la donation, dans ce cas, resterait sans effet aucun... »

Bien qu'à propos de la question de validité des
donations déguisées, et de celle de savoir si le
déguisement emporte dispense virtuelle de rapport,
je me sois appuyé sur l'autorité de Pothier, pour
soutenir que les donations déguisées sont comprises, comme l'espèce l'est dans le genre, sous la
dénomination générale d'avantages indirects; il
ne me semble nullement inconséquent de soutenir
qu'ici, à raison des graves motifs énoncés plus
haut, la loi a distingué les donations simplement
indirectes de celles qui revêtent en outre le caractère du déguisement, pour user envers ces dernières d'une sévérité toute spéciale. D'ailleurs,
cette distinction existait déjà dans la loi romaine
(Loi 32, §§ 25 et 26, Dig., *De donat. inter vir.
et ux.*; Loi 5, § 2, Dig , *Eo l;* Loi 32, § 1, Dig.,
Eod.). Dans le droit romain primitif, cette distinction n'avait d'autre but, que celui d'assurer la
révocabilité des donations entre époux pendant

le mariage, conformément au sénatusconsulte dont
j'ai parlé plus haut. Pothier a résumé cette doctrine, comme je l'ai déjà dit, dans son Traité des
Donations entre mari et femme (n° 78)

Les motifs de l'art 1099 ont été puisés, plus
encore dans la loi *hac edictali*, et l'édit des secon·
des noces, que dans la doctrine d'Ulpien déjà expo-
sée dans la loi 32 Dig. *de donat. inter vir. et ux.*);
et j'avoue que la distinction des donations indirectes et des donations déguisées ne se trouve pas
dans ces deux dispositions législatives. Mais le législateur de 1804 savait que la loi *hac edictali*, et
l'édit de 1560 étaient souvent impuissants pour
protéger les droits des enfants du premier
lit; comme Cujas le signale déjà à propos de la loi
hac edictali; aussi Roussilhe, dans son Traité de la
Dot, (tome 2, n° 539), enseigne-t-il déjà la nullité absolue des libéralités entre époux lorsqu'elles
sont frauduleuses : et il cite plusieurs auteurs graves qui partagent son avis. Il est naturel de penser
qu'en présence de cette insuffisance de l'ancien
droit constatée par Roussilhe, le Code ait cru devoir sanctionner plus énergiquement, les diverses
limitations apportées aux avantages entre époux.
Quant aux paroles prononcées par le tribun Favard,
il ne faut pas y attacher trop d'importance : dans
son ouvrage sur le Code civil, il enseigne le second et non le premier système, et d'ailleurs ces

paroles sont contredites par le Tribun Jaubert, qui déclare qu'en cas pareil, la donation sera nulle et non pas seulement réductible, (Voir Locré, Législ. civ., t. XI, p. 486, n° 907). En ce sens, cass. 11 mars 1862, aff. Azéma; Colmet de Santerre, t. IV, n° 279 bis).

3° *Système*. — Ce troisième système distingue entre les donations déguisées faites entre époux, pendant le mariage et celles faites dans le contrat de mariage; les secondes ne seront nulles que si elles entament la quotité disponible; la nullité étant dans ce cas la punition de la fraude à la loi; mais les premières seraient toujours nulles lorsqu'elles seraient entachées de déguisement, afin de sauvegarder efficacement le principe de révocabilité de l'art. 1096 : « Attendu, dit un arrêt de la Cour de cassation qui adopte ce système, que la condition de révocabilité attachée à ces sortes de donations,(celles entre époux pendant le mariage) est une disposition d'ordre public, et qu'il suit de là que tout acte qui tend à rendre irrévocable une telle donation, doit être déclaré nul. » (Cass., 16 avril 1850, aff. Calvincourt St-Martial; Cass. 7 février 1849 de la Ville d'Avray, M. Troplong, t. 4, n° 2744). Pour combattre ce système, il suffit de faire remarquer qu'il établit une distinction arbitraire qui n'est pas dans la loi, et puis, quelle inconséquence de faire dépendre la validité ou la nullité de la donation d'une véritable aléa ; la quotité disponible étant incertaine jusqu'au décès du donateur. Il est possible qu'une donation parfaitement légale à l'époque où elle a été faite, devienne excessive par suite, soit de la diminution du patrimoine du donateur, soit de l'augmentation du nombre de ses héritiers réservataires; quelle injustice alors d'annuler pour fraude, une donation devenue excessive d'une manière si indépendante de la volonté de l'époux donateur.

4° Système. — Il n'annule aussi pour le tout la libéralité, que lorsqu'elle est excessive, mais au moins est-il moins inconséquent que le précédent; il respecte le principe : *fraus in intentione*, et fait dépendre la validité ou la nullité de la donation excessive, du point de savoir si en fait, le donateur a voulu ou non dépasser la quotité disponible. En cas de donation excessive, la présomption serait, sauf preuve contraire, qu'on a voulu frauder la loi. Qui ne voit combien la preuve contraire serait difficile dans la plupart des cas ! en outre, ce système me semble devoir être rejeté, parcequ'il établit, comme le précédent, une distinction arbitraire.

En résumé, l'art 1099 *fine* édictant, selon moi, une nullité absolue, il en résulte qu'elle sera opposable par toute personne ayant intérêt.

L'art. 1100 a pour but de sanctionner encore davantage la disposition sévère de la fin de l'article 1099, en établissant certaines présomptions légales d'interposition de personnes. La présomption s'applique d'abord aux enfants de l'autre époux issus d'un autre mariage : « privigno ut do- « net noverca maritalis affectio facit, non certe « novercalis, » dit Cujas sur la loi *hac edictali*. Mais la présomption n'existe plus pour les enfants communs, « ut det mater filio, affectio materna « facit, dit le même auteur ; » et l'art. 283 de la coutume de Paris, disait déjà : « ne peuvent lesdits « conjoints donner aux enfants l'un de l'autre « d'un précédent mariage, au cas qu'ils ou l'un « d'eux aient enfants. » Prohibition appliquée par Pothier, seulement aux enfants non communs. (Poth. Traité des donations entre mari et femme, n° 111 et 112).

Les enfants naturels ou adoptifs de l'autre époux me semblent compris dans la présomption d'interposition, sinon par la lettre, du moins par l'esprit de la loi (Duranton, t. IX, n° 834) (art. 350, C. N.). Sont encore présumés interposés les parents dont l'autre époux est héritier présomptif, au jour de la donation, encore que ce dernier n'ait point survécu à son parent donataire. On voit que le législateur, pour établir sa présomption, considère l'état de choses au jour de la donation, le *consilium* et non l'*eventus*; si l'héritier est au jour de la donation héritier présomptif de la personne gratifiée la donation sera annulée en vertu de la présomption d'interposition; quand même l'époux ne succéderait pas en fait au donataire. Et à l'inverse, si l'autre époux succède à la personne gratifiée dont il n'était pas héritier présomptif au jour de la donation, la libéralité sera valable. Cette décision est très logique, la présomption étant fondée sur l'intention du donateur d'avoir voulu frauder la loi, le donateur n'a pas pu prévoir l'avenir, et n'a dû raisonner que sur l'état de choses présent.

Cette décision, qu'il faut se reporter au jour de la donation pour juger si la présomption d'interposition du deuxième alinéa de l'art. 1100 s'est produite, s'applique-t-elle au testament comme à la donation? M. Coin Delisle prétend que non : « le legs, dit-il, fait à un parent dont l'époux du disposant serait héritier présomptif, aurait effet, si cet époux et le disposant mouraient avant le légataire; au contraire, si l'époux du disposant se trouvait héritier présomptif de celui-ci, au jour de l'ouverture du testament, quoiqu'il ne l'eût pas été à sa date, il faudrait rentrer dans la règle de l article 1100, parce que les testaments n'ont d'effet qu'à la mort. » (*Traité des donat.* sur l'art. 1100, n° 9). Quelque raisonnable que soit cette manière de voir, il m'est impossible de l'admettre, parce que le texte de l'art. 1100 lui résiste trop clairement; en effet, la présomption légale qu'il renferme s'applique aux donations prises dans un sens large, celui de l'art. 711 Code Napoléon, qui comprend les donations entre vifs et testamentaires, or si le texte s'applique aux unes comme aux autres, ces expressions, *au jour de la donation*, doivent s'interpréter de la même manière pour les unes comme pour les autres, car elles ne font pas de distinction.

On s'est demandé si la présomption s'appliquerait, dans le cas de donation faite par un époux à l'aïeul de l'autre? cet autre époux ayant encore son père, et n'étant point, par conséquent, héritier présomptif de son aïeul donataire; je ne le crois pas, les présomptions légales sont de droit étroit (art. 1350), et ce cas n'est pas exactement celui prévu par la loi.

APPENDICE.

VENTE ENTRE ÉPOUX.

(Art. 1595). Le contrat de vente ne peut avoir lieu entre époux que dans les trois cas suivants :

« 1° Celui où l'un des époux cède des biens à

l'autre séparé judiciairement d'avec lui, en paiement de ses droits; 2° celui où la cession que le
mari fait à sa femme, même non séparée, a une
cause légitime, telle que le remploi de ses immeubles aliénés, ou de deniers à elle appartenant, si
ces immeubles ou deniers ne tombent pas en communauté; 3° celui où la femme cède des biens à
son mari en paiement d'une somme qu'elle lui
aurait promise en dot, et lorsqu'il y a exclusion de
communauté. Sauf, dans ces trois cas, les droits
des héritiers des parties contractantes, s'il y a avantage indirect. » En somme, sauf dans les trois cas
exceptionnels énumérés dans notre article, la vente
n'est pas permise entre époux, et j'ai placé l'expli-
cation de cet article comme appendice aux donations indirectes entre époux, parce qu'il me paraît
être un complément naturel de l'art. 1099; comme
lui il a pour but principal de sanctionner les pro-
hibitions des art. 1094, 1096 et 1098, et je trouve
une analogie, et pour ainsi dire une parenté entre
ces deux dispositions, jusque dans leur rédaction;
l'une et l'autre prévoyant diverses hypothèses pour
appliquer aux unes la nullité et aux autres seulement la réduction.

Dans notre droit, l'incapacité de vendre et d'a-
cheter est donc la règle entre époux, et la cause de
cette incapacité; c'est la présomption que la vente
masque une donation (M. Portalis, *Exposé des*

motifs, Fenet, t. **XIV**, page 115¹, ou une fraude à
l'égard des tiers ; car on a voulu encore prévenir
une fraude possible envers les créanciers de l'un
des époux, qui, se trouvant insolvable, aurait pu
recourir à une vente simulée, pour soustraire une
partie de ses biens à ses créanciers : chose qui eût
pu devenir fréquente entre deux personnes si inti-
mement unies, si dominées par des influences
mutuelles. Portalis (Exposé des motifs, *loc. cit.*)
donnait encore une autre raison ; il prétendait que
la vente entre époux ne pouvait être permise, en
vertu de la maxime : *Nemo potest auctor esse in
rem suam ;* le mari ne pouvant pas autoriser sa
femme dans une affaire où il était lui-même partie.
Ce motif ne me paraît pas exact; il eût été si facile,
sans prohiber ces sortes de vente, de donner satis-
faction à cette maxime, en exigeant simplement,
que dans ces sortes de vente la femme fût autori-
sée par justice. D'ailleurs, si tel eût été le motif de
la loi, la règle aurait dû être absolue, sans exception aucune; or la loi admet trois cas exceptionnels où la vente est permise entre époux, et dans
ces trois cas, de l'avis de tout le monde, la vente
se fait très régulièrement avec la seule autorisation
du mari.

Le droit romain n'allait pas jusqu'à prohiber la
vente entre époux, Pomponius le dit formellement :
« *Sine dubio licet a viro vel uxore minoris emere,*

si non sit animo donandi (loi 31, § 3, Dig., *De donat. inter vir. et ux*). Mais la plupart des coutumes, frappées des dangers dont nous venons de parler, avaient prohibé entre conjoints, non-seulement la vente, mais toute espèce de contrat (voir notamment *Cout. de Normandie*, chap. XV, article 410); *Cout. de Nivernais*, chap. 33 art. 27). Cette prohibition s'appliquait, nous dit Pothier, dans les coutumes qui ne s'en étaient pas expliquées (*Donat. entre époux*, n° 78), et Dumoulin (sur l'art. 256 de l'*Ancienne Coutume de Paris*, n° 5) posait comme règle générale, que des conjoints par mariage ne peuvent, pendant le mariage, faire aucun contrat entre eux, sans nécessité : « *Nullum contractum etiam reciprocum facere possunt, nisi ex necessitate.* »

Aujourd'hui il faut maintenir le principe de l'art. 1123, que dans notre droit, la capacité *de contractu* est la règle, l'incapacité, l'exception, principe dont l'art. 1594 fait l'approbation au contrat de vente; d'où il suit qu'il ne peut y avoir de défendus entre époux que les contrats exceptés de la règle par un texte de loi. D'ailleurs, le soin qu'a pris la loi de défendre entre époux ce contrat spécial, n'est-il pas la preuve qu'en général la capacité de contracter existe entr'eux. Toutefois la prohibition qui ne prévoit formellement

que la vente proprement dite, doit s'étendre à
l'échange (art. 1707), à la constitution de rente à
titre onéreux, qui, au fond est une vente d'un
meuble ou d'un immeuble, moyennant un prix
qui est payé par une constitution de rente ; et aussi
à la dation en paiement : les trois exceptions énoncées dans l'art. 1595, n'étant pas des cas de vente
proprement dite, mais des cas de dation en paiement; il en résulte bien que les autres hypothèses
de dation en paiement sont comprises dans la
prohibition. On s'est demandé si la défense de
notre article s'appliquait aux adjudications sur
saisie immobilière; par exemple dans le cas où la
femme se serait rendue adjudicataire d'un im-
immeuble saisi par les créanciers de son mari ? je
crois que la prohibition ne devrait pas s'appliquer
ci , parce que nous ne sommes p'us dans l'esprit de
la loi, dont le but est d'empêcher les ventes simu-
lées faites entre époux pour masquer une donation
ou frauder les créanciers du conjoint vendeur,
les formalités qui accompagnent la vente sur saisie font disparaître tous ces dangers. M. Troplong
donne une autre raison qui me paraît plus contes-
table, lorsqu'il prétend que dans ce cas, la vente
n'a pas lieu entre époux : « ce sont plutôt, dit-il,
les créanciers saisissants qui sont les vendeurs. »
(Trop. vente, sur l'art. 1595, note 5).

Expliquons d'abord les trois hypothèses exceptées de la prohibition.

Première hypothèse. — Celle où l'un des époux cède des biens à l'autre, séparé judiciairement d'avec lui, en paiement de ses droits ; on suppose qu'il y a eu entre les époux séparation de biens prononcée en justice, on permet à chacun d'eux de céder un de ses biens à l'autre en paiement de ses droits. Par exemple, une propriété de la femme mariée sous le régime de communauté a été aliénée sans remploi (art. 1433), puis la séparation de biens intervient, et le mari pour la remplir de sa reprise lui cède en paiement un bien qui lui appartient en propre. On peut supposer à l'inverse que la femme avait employé des valeurs de la communauté pour doter personnellement un enfant commun, puis survient la séparation de biens ; elle renonce à la communauté, et restée débitrice personnelle de son mari, elle lui cède un de ses propres.

Deuxième hypothèse. — C'est le mari qui est autorisé à céder à sa femme un de ses biens, pour une cause légitime. La formule ici n'est pas limitative ; toutefois la loi n'a pas entendu non plus conférer aux tribunaux le droit d'apprécier souverainement, si, dans tel cas donné, la vente faite par le mari à sa femme avait une cause légitime. L'intention de la loi est précisée par l'exemple qu'elle donne : *tel que le remploi de ses immeubles aliénés…* ; son idée, c'est que c'est encore un paiement que le mari doit faire à sa femme. Pour justifier la cession, il faut donc que le mari soit débiteur de sa femme, la jurisprudence la plus récente semble exiger que la dette soit exigible, mais cette condition est mal exprimée ; puisque, dans l'exemple donné par la loi, la dette n'est pas exigible *durante matrimonio* ; mais il faut, et il suffit qu'il s'agisse d'une dette dont le paiement puisse être régulièrement fait. En conséquence, sous le régime dotal, on ne pourrait pas permettre au mari de céder à sa femme, pendant le mariage, un de ses biens, en restitution de sa dot mobilière, parce qu'en principe la restitution anticipée de la dot n'est pas libératoire pour le mari, à moins toutefois que le contrat de mariage ne contienne une clause d'emploi en immeuble (art. 1553). Je ne puis approuver non plus la doctrine résultant d'un arrêt de la chambre des requêtes du 23 août 1825 (aff. Menwel), qui valide la cession d'un immeuble faite par le mari à sa femme commune en biens, après une séparation judiciaire, à charge par elle de pourvoir seule à l'entretien des enfants ; il n'y avait pas là paiement d'une dette préexistante pouvant valider la vente dans le sens de l'article 1595 2°.

Troisième hypothèse. — Ici c'est la femme qui

cède un bien à son mari, en paiement d'une somme qu'elle lui a promise en dot (voir art. 1553 *in fine* C. N.). La loi exige qu'il y ait exclusion de communauté, cette troisième hypothèse ne pourra donc se produire que sous le régime dotal, et sous les régimes sans communauté et de séparation de biens.

La dation en paiement est permise dans ces trois hypothèses, sauf, dit la loi, le droit pour les héritiers réservataires, de la faire réduire, si elle contient une libéralité indirecte; cette disposition correspond au premier alinéa de l'art. 1099.

Une question importante reste à examiner, celle de savoir quel sera le sort des ventes entre époux, au dehors des trois cas exceptionnels où elles sont permises.

1ᵉʳ *Système.* — Selon Toullier, ces aliénations prohibées doivent être assimilées à des donations indirectes entre époux; elles seront révocables (art. 1096), et les héritiers réservataires pourront en demander la réduction (art. 1099 1°). L'article 1595, dit Toullier, ne prononce pas la nullité de ces ventes, comme le font les art. 1596 et 1597 pour les cas qu'ils ont en vue, il a voulu seulement faire peser sur elles, une présomption de libéralité. Cette interprétation me semble téméraire, car il est fort possible que ces ventes soient sérieuses; cette manière de voir me paraît d'autant plus inexplicable chez Toullier, qu'il a admis avec nous, la nullité des donations déguisées de l'art. 1099 2°, dont les ventes entre époux, ne sont, je crois, aux yeux de la loi, qu'une variété. (Toull., tome 12, n° 41).

2e *Système* — Il a été soutenu d'abord par M. Troplong (vente, n° 185), et développé plus tard par M. Duvergier, (t. 1, n° 183 et 184). D'après ces deux auteurs, il faut distinguer si en fait, les époux ont voulu dissimuler une libéralité sous l'apparence d'une vente, auquel cas la vente est valable comme donation, mais révocable, et réductible au gré des réservataires, si elle dépasse la quotité disponible; mais si au contraire, les conjoints ont voulu faire véritablement une vente, la plupart du temps pour frauder les créanciers de l'un des époux, la vente sera radicalement nulle. La loi selon M. Duvergier présumant ici la libéralité, la vente sera réputée telle entre les époux ou leurs héritiers jusqu'à preuve contraire ; mais s'il est prouvé qu'il n'y a pas eu intention de donner, la vente sera nulle, et comme donation pour défaut de l'*animus donandi*, et comme vente en vertu de l'art. 1595. Quant aux tiers, ayant intérêt à contester la vente, ils devront prouver également pour obtenir la nullité de l'acte, que la vente a été sérieuse; sinon, elle sera aussi vis-à-vis d'eux réputée libéralité, attaquable seulement.

comme faite en fraude de leurs droits (art. 1167). c'est-à-dire lorsqu'elle sera survenue postérieurement à la naissance de leurs droits, ou si ayant été faite antérieurement, elle leur a été cachée par les époux, dans une intention de fraude.

3º *Système*. — Pour moi, je crois avec M. Duranton (t. 16, n. 153) et Marcadé sur l'art. 1595, que la vente entre époux en dehors des trois cas exceptionnels, que nous venons de voir, est toujours frappée d'une nullité absolue, qui pourra être opposée non seulement par les conjoints ou leurs héritiers, mais par toute personne intéressée. En effet, si la vente est sérieuse, elle est nulle en vertu de l'art. 1595 ; car il est de principe, qu'un acte fait en violation d'un texte de loi prohibitif, est frappé par cela même de nullité absolue.

Si c'est une donation qui est déguisée sous forme de vente, elle est nulle *a fortiori*; et en premier lieu, il serait singulier que l'opération fût valable, justement dans le cas où on a fait, ce que la loi voulait empêcher en prohibant les ventes entre époux. (Voir l'exposé des motifs de Portalis que j'ai cité). En admettant avec la jurisprudence qu'une donation déguisée sous la forme d'un contrat onéreux est valable, j'ai exigé avec la plupart des arrêts, qu'on fût dans un cas où l'acte onéreux qui prête sa forme à la libéralité fût lui-même permis ; or, ici la vente est nulle comme telle. Enfin, un tel acte me paraît nul en vertu de l'art. 1099 2 , qui, je crois l'avoir prouvé, prononce la nullité, et non pas seulement la réductibilité des donations déguisées entre époux.

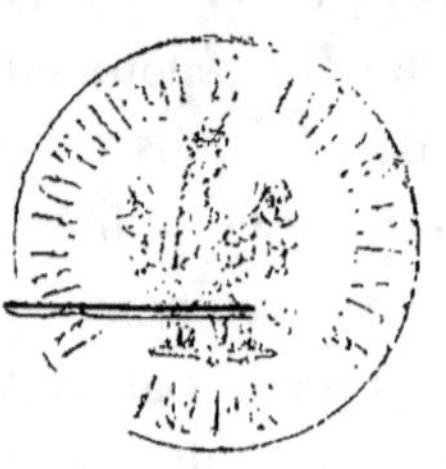

POSITIONS.

DROIT ROMAIN.

I. Lorsque l'héritier chargé de restituer plus des trois quarts de l'hérédité veut exécuter le fidéicommis en entier, sans exercer aucune réduction ; c'est le sénatusconsulte Trébellien qui est applicable.

II. Même après l'assimilation par Justinien des legs et des fidéicommis, l'affranchissement direct et l'affranchissement fidéicommissaire ont entr'eux des différences capitales.

III. La règle catonienne ne s'appliquait pas aux institutions d'héritier.

IV. La règle catonienne n'a pas été abrogée tacitement depuis Justinien, par l'assimilation des legs et des fidéicommis.

V. Le préteur accordait une *bonorum possessio secundum tabulas* effective, au posthume externe institué héritier ; seulement lorsqu'il venait à la succession *ab intestat* du *de cujus* en dehors de l'existence de tout testament.

VI. La décision de la Novelle 159, chap. 2, qui limite à quatre degrés l'obligation de restitution d'un fidéicommis *familiæ relictum*, ne s'applique qu'à un cas particulier.

DROIT FRANÇAIS.

I. Les donations déguisées sous le voile d'un contrat à titre onéreux, lorsqu'elles interviennent entre personnes respectivement capables de disposer et de recevoir, sont valables, quoique faites sans les formes exigées par les art. 931 et suivants.

II. Si une personne renonce à un legs, à une succession ou à une communauté de biens, afin d'en faire parvenir le profit à un de ses successibles, ce dernier en devra le rapport.

III. L'héritier débiteur de son auteur, en vertu d'un contrat onéreux, peut faire produire à la convention à l'encontre de ses cohéritiers, tous les effets qu'il aurait eu le droit de lui faire produire à l'encontre du défunt.

IV. Les donations déguisées, soit par voie d'interposition de personne, soit sous le masque d'une opération à titre onéreux, ne sont pas virtuellement dispensées du rapport.

V. En dehors des présomptions de l'art. 911 *in fine*, le juge pourra faire résulter l'interposition de personne, de toutes les circonstances de la cause.

VI. L'art. 1099 2°, C. N., frappe d'une nullité absolue les donations déguisées entre époux.

VII. En dehors des trois cas exceptionnels prévus par l'art. 1395 C. N., la vente entre époux est toujours frappée d'une nullité absolue.

VIII. L'art. 1840 C. N. modifie l'art. 854 du même code; pour dispenser les associations du rapport, l'art. 1840 exige qu'elles ne soient pas universelles.

Histoire du droit.

I. D'après l'art. 87 de la coutume de Paris, les servitudes établies par le fait de l'homme ne pouvaient s'acquérir sans titre, même par la prescription centenaire; cette disposition était applicable aux coutumes muettes.

II. L'origine de la noblesse est dans la clientèle militaire des princes Francs.

DROIT CRIMINEL.

I. Il importe de distinguer avec soin les cas d'excuses, même absolutoires, des cas de non culpabilité.

II. Les coauteurs et les complices souffrent ou profitent de toutes les circonstances inhérentes au fait principal.

DROIT DES GENS.

I. La neutralité conventionnelle doit être distinguée avec soin de la neutralité ordinaire.

II. Le ministre représentant d'un peuple n'est pas inviolable en dehors du territoire du pays où il doit remplir sa mission.

Vu par le Président de la Thèse,
C. BUFNOIR.

Vu par le Doyen de la Faculté,
G. COLMET DAAGE.

Vu et permis d'imprimer
Le Vice-Recteur de l'Académie de Paris,
A. MOURIER.